자녀가 상처받지 않는
부모의 말투

까칠한 사춘기 자녀와 싸우지 않고 대화하는 법

자녀가 상처받지 않는 부모의 말투

김범준 지음

애플북스

머리말
사춘기 자녀와의 관계, 부모의 말투에서 시작된다

봄이 깊던 어느 날 저녁, 초등학교 6학년 여학생이 아파트 옥상에서 뛰어내렸다. 비극적인 선택을 하기 직전 이 학생은 유서를 남겼다.

"엄마, 아빠, 기대에 못 미쳐서 죄송해요."

도대체 무슨 일일까? 매번 수학을 100점 맞던 이 학생, 교내 수학경시대회에서 88점을 받았다. 그러고는 집에 오자마자 유서를 쓰고, 옥상으로 올라가 생을 마감했다. 나중에 알고 보니 88점은 전교 1등에 해당하는 점수였다.

과연 이런 일이 일어날 수 있을까 싶지만 안타깝게도 실제로 있었던 일이고 지금도 나, 그리고 당신 주변에서 일어나고 있는 일이다. 믿기 힘든, 아니 믿기 싫은 이야기다. 나는 이 이야기를 듣고 자살이라는 끔찍한 결과 이상으로 10대 초반의 여학생이 유서를 썼다는 사실 자체에 더 놀랐다. 삶이 얼마나 무겁게 느껴지고, 심리적 압박감이 얼마나 컸으면 그 꽃다운 나이에 유서 쓸 생각을 다 했을까 싶다.

우리의 아이들은 열 살을 넘어서면서 아이가 아니라 어른의 초입, 어쩌면 '이미 어른'의 문턱에 이른다. 이 시기의 우리 자녀들을 혹시라도 여전히 아이 취급을 하고 있지는 않은지 반성해야 한다. 그리고 사춘기 자녀를 둔 부모라면 미국의 시인인 월리스 스티븐스(Wallace Stevens)의 "아들의 삶은 아버지의 삶에 대한 처벌이다"라는 글귀를 떠올리며 아이의 삶에 내가 어떤 영향력을 미치고 있는지 곰곰이 생각해봐야 한다. 미뤄서도 망설여서도 안 되는 때가 이미 턱밑까지 다가왔다. 부모가 어떻게 자녀를 대하는가에 따라 사춘기의 풍경은 180도 달라진다. 그리고 그 이후의 부모-자식 관계도 이때에 달려 있다.

**사춘기 자녀에게 상처 주지 않고
상처 받지 않고 '진짜 대화'하는 법**

• • •

부모의 삶으로부터 우리의 자녀가 '처벌'이 아닌 '보답'을 받기 위해서 필요한 것이 있다. 바로 부모의 좋은 말투다. 언젠가 사춘기에 접어든 첫째가 엄마와 하는 대화를 엿듣게 되었다.

엄마 : 해야 할 건 해야지. 할 걸 안하고 네 의견만 주장하면 어쩌자는 거니?
아이 : 해야 할 걸 안한 건 아니잖아요.
엄마 : 엄마가 말하는데 꼬박꼬박 말대답을…….
아이 : 엄마가 물어봤으니까 대답하는 거죠.
엄마 : 나 같으면 말이야……

엄마의 말을 막으며 첫째는 말했다.
"엄마랑 나는 다르잖아요."
맞다. 아이들은, 더군다나 사춘기의 아이들은 엄마 그리고 아빠와 다르다. 부모의 생각과 다른 아이들을 우리 부모들은 '같다'고 생각한다. 같지 않으면 '틀리다'고 말한다. 부모와 아이가 분명 '다름'에도 불구하고 부모가 아이에 대해 '같음'을 강요하는 말투를 사용하면 부모-아이의 관계는 멀어질 수밖에 없다.

참고로, 아이들이 싫어하는 부모의 말투 중에서 대표적인 것 중 하나가 바로 무심코 내뱉는 "나 같으면 말이지", "엄마라면 말이지", "아빠라면 말이지"라고 한다.

유아기의 아이를 둔 부모는 '사랑'을 대화의 주제로 삼으면 된다. 부모가 아이를 얼마나 사랑하는지, 오직 그것만 열심히 말해주어도 충분히 친밀한 관계로 유지된다. 하지만 사춘기 아이와의 대화는 주제가 조금, 아니 많이 달라진다. 근본적으로는 독립성을 바라는 아이의 요구와 지속적인 결속을 원하는 부모의 바람 사이에서 균형이 무너지는 시기이기 때문이다.

사춘기 아이들은 부모의 품에서 벗어나 온전한 자유인으로 성장하고 싶다는 갈망을 품는 동시에, 그에 대한 불안과 두려움도 가지고 있다. '내가 누구지?', '내가 정말 해야 할 것은 뭐지?' 등의 질문을 스스로에게 끊임없이 던진다. 질풍노도의 시기라는 말이 괜히 나온 게 아니다. 그만큼 격렬한 스트레스를 겪는다. 이를 무시한 채 여전히 아이를 통제할 수 있다고 생각하는 부모의 생각, 그로 인해 나오는 말투는 관계에 균열을 가져오게 된다.

어른에게는 아이들의 사춘기가 '이유 없는 변덕스러움의 시기'로 여겨진다. 아이는 충분한 이유가 있어서 하는 행동과 말이지만 부모가 이를 이해하지 못하면서 갈등이 증폭된다. 이 시기에 부모와 자녀의 관계가 최악의 상황으로 치닫지 않기 위해서 부모의 말투는 그 어느 때보다 중요해진다. 사춘기 자녀에게 하지 말아야 할 말을 함부로 하거나, 반대로 해줘야 할 말을 하지 못하는 부모에게는 결국 주체적으로 세상을 살아갈 능력을 잃어버린 자녀, 주변의 모든 것에 대해 부정적인 자녀, 누군가와 협력할 줄 모르고 혼자만 잘살면 된다고 생각하는 자녀의 모습만이 남을지도 모른다.

"아이와 싸우지 않고 대화를 좀 해보고 싶다"는 부모들이 의외로 많다. 가끔 엄마들은 아이의 갑작스레 달라진 모습에 놀랐다고 말한다. 그렇다면 부모는 먼저 자신의 말 습관, 말투를 되돌아봐야 한다. 나도 모르게 내 아이에게 상처를 입히고 있는지도 모른다.

부모의 말투에서 모든 것이 시작된다.
・・・

'중학교 2학년' 정도는 되어야 사춘기라고 하던 때가 엊그제 같은데 이제는 초등학교 3학년도 사춘기라고들 한다. 하지만 단순히 나이 혹은 신체적 변화를 기준으로 사춘기를 판단한다면 이는 지극히 단순한 생각이다. 아이의 정신적·심리적 변화에 무관심하면 예상하지 못한 비극의 주인공이 우리 혹은 우리의 자녀일지도 모른다.

관심이 지나쳐도 문제다. 아이의 심리적 변화를 억압하려는 말투에 익숙한 부모는 차라리 무관심한 게 나을지도 모르겠다. 그 말투가 아이에게 돌이킬 수 없는 심각한 문제를 초래할 가능성이 크다. 신체적 변화만큼이나 아이가 심리적으로 어떠한 변화를 맞이하고 있는지를 반드시 관찰하고 그에 맞는 적절한 말투를 갖추는 것이 무엇보다도 중요한 시기다.

특별히 사춘기 때의 아빠의 역할은 자녀의 성장에 큰 영향을 미친다. 자녀가 어릴 때는 아빠가 아이 문제에 관심을 갖고 마음을 기울인다고 해도 물리적으로 함께하는 시간이 적다 보니 그동안 육아 참여에 엄마의 역할을 많이 두고 한 걸음 물러서 있었던 게 사실일 거다. 하지만 사춘기 때부터는 물리적인 시간상 얼마나 오랫동안 함께하느냐보다 짧은 시간일지라도 얼마나 진정한 소통을 하느냐가 중요하다. 더욱이 정체감과 사고가 성장하고 확립되는 시기라서 아빠의 역할이 더욱 중요한 때이다. 의무로 생각하면 괜한 부담감만 생긴다. 그렇지만 막상 해보면 생각보다 어렵지 않다. 말투 하나 바꿨을 뿐인데 같이 있고, 이야기를 나누고 싶고, 고민을 상담하고 싶은 아빠가, 그리고 부모가 될 수 있다.

언젠가 중년이 된 한 여성이 과거 자신의 사춘기 때의 행복했던 순간을 이렇게 말하는 것을 들은 적이 있다.

"별 거 아니었어요. 중학교 1학년 때였죠. 아빠가 무슨 서류를 복사해달라고 부탁하셔서 동네 복사 가게에서 복사를 해왔어요.

집에 돌아와서 아빠에게 그걸 드렸더니 환하게 웃으면서 '우리 연주는 뭘 시켜도 다 잘한다니까!'라고 하셨어요. 그런데 있잖아요, 그때 아빠의 미소와 나를 인정해주는 말투가 지금까지도 생각나는 너무나 행복한 기억 중의 하나예요."

자녀를 위한 이 정도의 말투, 우리 부모들이 충분히 할 수 있다. 부모들이 갈등과 방황 속에서 성숙해지려고 애쓰는 우리 아이들을 응원하는 것만으로도 아이들은 행복감을 얻는다는 사실을 잊지 말자. 그리고 표현해주자. 부모의 말투가 달라지는 것 하나만으로도 '아이의 끝, 어른의 초입'에 서 있는 자녀가 성장할 수 있도록 도와주는 큰 힘이 된다. 그러니 아이와 부모의 평생관계를 좌우하는 이 시기를 절대로 놓치지 말자. 사랑스러운 자녀가 자신만의 올바른 정체성을 찾아나갈 수 있도록, 멋진 자존감을 잃지 않도록 돕고 위로하며 격려하는 부모가 되겠다고 결심해보자.

관계의 변화는 부모의 말투에서 시작된다.

김범준

목차

머리말…사춘기 자녀와의 관계, 부모의 말투에서 시작된다 _005

1부 사춘기 자녀와의 대화, 그동안의 말하기와는 달라야 한다

1장 무시하지 않는 대화법
[진짜 관심] 그냥 관심 말고, 정말 궁금해하기 _018
[안다는 것] 마음 따로, 말 따로 _026
[동류의식] 너와 나는 다르지 않다 _035

2장 혼내지 않는 대화법
[슬픈 아이들의 운명] 아이의 생존본능 _044
[무조건적인 응원] 그럴 만한 이유가 있겠지 _056
[칭찬의 힘] 듣고 싶은 칭찬은 뭘까? _062
[win-win] 너는 내 편이고 나는 네 편이다 _070

3장 싸우지 않는 대화법
[관심] 잔소리와 참견을 격려와 기다림으로 _080
[성장하는 아이] 아이의 정체감 _087
[반항이 중요한 이유] 자녀의 반항에 기뻐하는 부모 _094
[부모의 성장] 제로섬이냐, 윈윈이냐? _100

4장 강요하지 않는 대화법
[대화의 주도권] 이길 것인가, 져줄 것인가 _108
[당당한 자기주장] 때로는 '아니'라고 말하기 _118
[대듀케이션] 사막의 낙타가 되어주기 _127

2부   사춘기 자녀와의 대화, 이렇게 말해야 한다

5장 힘이 되는 대화법
[몸 자라기] 아이는 변화를 받아들이는 중이다 _138
[마음 자라기] 너는 네 생각보다 훨씬 강하다 _149
[응원의 정석] 승부에 졌을 뿐, 네가 약한 건 아니다 _157

6장 위로가 되는 대화법
[부모의 아픔] 아이의 '성장통', 부모의 '성숙통' _172
[퀄리티 타임] 얼마나 '오래'는 의미 없다 _179
[공감의 기술] 마음이 열리는 커뮤니케이션의 시작 _187

7장 꿈을 주는 대화법
[오, 나의 선생님] You are my best teacher! _200
[어른의 꿈] 엄마, 아빠도 꿈이 있단다 _206
[목표의식] 네가 진짜 원하는 게 뭔지 아니? _213

8장 신뢰를 주는 대화법
[믿음의 힘] 나는 너를 믿는다 _222
[아빠의 권위] 아이에겐 아빠가 종교다 _228
[가족 통장] 우리에겐 비밀계좌가 있다 _235

맺음말…홀로 사막을 건너는 아이를 위하여 _243

1부

사춘기 자녀와의 대화, 그동안의 말하기와는 달라야 한다

1장

"
무시하지 않는 대화법
"

진짜 관심

그냥 관심 말고,
정말 궁금해하기

아이가 잘되려면 아빠의 무관심이 필요하다?

세상 사람들은 말한다.

"아이가 잘되려면 '아빠의 무관심'이 필수적이다."

아이가 잘되기 위한, 즉 시험 잘 보고, 좋은 대학 가고, 취업준비 잘해서, 좋은 회사에 가기 위한 3대 조건이 있는데 그중 하나가 아빠의 무관심이란다. 나머지 조건은 엄마의 정보력과 할아버지의 재력이다.

대한민국 아빠들이 듣기에 참으로 힘 빠지는 소리가 아닐 수 없다. 내 아이에게 관심을 안 두는 게 아이를 돕는 거라니 기가 막힐 일이다. '좋은 아빠'를 '건강하되 부재중인 아빠'로 ─ 가족 부양을 위해 돈은 벌어 오되, 굳이 가족과 함께 집에 있을 필요가 없다는 말 ─ 정의 내리기도 한다는 말을 들을 때면 참담한 심정이다. 돈 벌어서 집에 갖다 바치고, 가능하면 집에서 '얼쩡거리지' 않고, 아이들 일에 대해서는 무관심한 아빠가 좋은 아빠라니!

'무관심하다'라는 말은 '관심이나 흥미가 없다'는 뜻이다. 아빠가 아이에게 관심이나 흥미가 없다고? 그래야 아이가 잘된다고? 글쎄, 동의할 수 없다. 우리 아빠들이 아이에게 얼마나 관심이 많은지 알고나 하는 말들인지, 왜 그 관심이 폄훼되어 아이가 잘되려면 ─ 성적 잘 올려서 대학 잘 간다는 지극히 협소한 의미이긴 하지만 ─ 아빠의 무관심이 필요하다는 말까지 나오게 된 건지 안타깝다. 분명히 말하지만 아빠는 아이에게 관심이 있으며, 관심을 가져도 되고, 관심을 가져야 한다.

물론 아이에 관한 관심은 '진짜 관심'이어야 한다. 진짜 관심이라니? 그렇다면 가짜 관심도 있단 말인가? 있다. 우선 관심이라는 단어에 대해서 먼저 알아보자. 관심이란 '어떤 것에 마음이 끌려 주의를 기울임'이라는 의미다. 관심에는 세 가지 유형이 있다. '진짜 관심'과 '그냥 관심', 그리고 '가짜 관심'이 그것이다. 다음과 같이 구분할 수 있겠다.

1) 진짜 관심 : 늘(always)

2) 그냥 관심 : 때때로(sometimes)

3) 가짜 관심 : 어쩔 수 없이(수동적으로, 타율적으로; passively)

아빠의 관심은 '그냥 관심'이거나 '가짜 관심'인 경우가 많다. 우선 '그냥 관심'의 예로는 TV를 보다가 문득 옆에 있는 아이에게 "너 요즘 공부 잘하니?"라고 뜬금없이 묻는 경우를 들 수 있다. '가짜 관심'은 어떤 것일까? 퇴근하고 집에 갔는데 아내가 조용히 불러서 가보니 아이가 학교에서 친구와 싸웠다고, 그래서 반성문을 썼다는 말을 듣고 아이에게 가서는 "학교에서 싸우면 안 된다"고 말하는 경우다. 아이도 안다. 아빠의 이런 말과 행동은 자신에게 '진짜 관심'이 있어서가 아님을. 자, 이쯤에서 스스로에게 질문해보자.

"아이에 대한 나의 관심은 '진짜 관심'이었던가!"

"몰라"

...

사춘기 아이를 둔 부모들에게 물어봤다. 아이가 가장 많이 하는 말이 뭐냐고.

"짜증 나."

"화나."

"용돈 주세요."

보통은 이런 말을 생각한다. 하지만 실제로 사춘기 아이들이 부모에게 가장 많이 하는 말은 "몰라"였다. 다음과 같은 대화, 많이들 해봤을 것이다.

부모 : 학원 재밌니?
아이 : 몰라.

부모 : 요즘 힘든 거 있니?
아이 : 몰라.

부모 : 오늘 몇 시에 오니?
아이 : 몰라.

왜 이렇게 사춘기 아이들은 "몰라"라는 말을 자주 할까? 간단하다. 바쁜 부모가 그렇게 만들었기 때문이다. 특히 유아기 내내 아이에게 '가짜 관심'만 두던 아빠가 갑자기 대화를 하겠다고 접근하는 모습은 사춘기 아이들에게 당황스럽기만 할 뿐이다. 아이는 자신에 대해 잘 알지도 못하면서 다가오는 아빠가 부담스럽고 어색하다. 급한 마음에 아이에게 함부로 다가가기보다 우선 진짜 관심을 갖겠다고 다짐하는 게 먼저다.

이제 자녀에게 진짜 관심을 가져보자. 사춘기 아이들이 성장할 수 있도록 이야기하고 안아주자. 사춘기는 이제 곧 어른이 될 자녀가 아빠를 친숙하게 여길 수 있는 마지막 기회다. 이 시기의 '진짜 관심'은 먼 훗날을 위해서라도 반드시 필요하다.

자녀를 잃을 것인가
...

아빠들이 아이에게 무관심하다는 생각은 편견이다. 아이는 아빠의 전부다. 아빠는 아이를 자신과 동일하게 여긴다. 당연히 관심이 있다. 다만 그 관심이 대부분 '가짜 관심'이요, '그냥 관심'일 뿐이라는 게 문제다. 왜 아빠는 세상으로 나갈 준비를 하는 사춘기 아이에게 '진짜 관심'을 주지 못하는 걸까? 이유는 '사춘기 아이에 대한 무시'에 있다. 자녀에게 관심은 있으나 자기도 모르게 무시하는 습관이 겉으로 드러나고, 결국 아이들이 '가짜 관심일 뿐'이라고 느끼게 만든다.

'무시하다'라는 단어는 '사물의 존재 의의나 가치를 알아주지 아니하다' 혹은 '사람을 깔보거나 업신여기다'라는 뜻이다. '신호를 무시하고 길을 건너다' 또는 '그런 문제쯤은 무시해버려' 등으로 쓰인다. 생각해보라. 우리 자녀는 '신호등'이나 '그런 문제쯤'이 아니다. 부모인 나와 당신의 모든 것이다!

그럼에도 부모가 자녀를 무시한다는 평을 듣는 데는 다 이유가 있다. 아이와의 대화에 성공하지 못하기 때문이다. 왜? 피곤하니까! 학교 선생님이 있으니까! 특히, 육아란 전적으로 엄마의 일이요, 선생님의 몫이지, 아빠는 그렇지 않다는 잘못된 판단이 아이와 아빠를 멀어지게 만든다. 그러니 아이와의 관계를 획기적으로 개선하고 싶은 아빠라면 일단 사춘기 아이와의 관계에 있어서 아내와 선생님의 보조 역할에만 만족하겠다는 생각을 버려야 한다.

아이를 무시하는 데는 또 다른 이유가 있다. 이미 사춘기에 접어들었음에도 여전히 아이일 뿐이라고 생각하기 때문이다. 아직 어리고 귀엽기만 할 뿐, 부모와 대등할 정도로 성장했음을 모른다. 사춘기에 접어들면 자녀는 생각과 몸이 순식간에 성장한다. 그리고 사춘기를 지나 금세 어른이 된다. 어른으로 성장하는 데 있어 '결정적 시기'인 사춘기에 부모가 자녀를 무시하거나 '가짜 관심'만 주면 관계는 멀어질 수밖에 없다.

나의 경험상 자녀의 성장을 온전히 엄마 몫, 혹은 학교 선생님 몫으로만 돌리는 아빠에게, 세상에서 고단한 밥벌이를 하며 '나는 아빠 역할을 잘하고 있다'고 마음속으로 외치는 아빠에게 더이상 좋은 자녀는 없다. 아이와의 관계가 단절되고 만다. 정신적으로나 감정적으로나. 그리고 결국 나중에야 후회한다. 내 아이를 잃었노라고.

'프로파더러'가 필요해
...

어렸을 때 탐정 만화를 자주 봐서일까. 요즘 영화나 드라마에 나오는 '프로파일러(profiler)'를 보면 여전히 멋져 보인다. 프로파일러란 '범죄 분석 요원' 혹은 '범죄 심리 분석관' 등으로 불린다. 일반적 수사 기법으로는 해결하기 힘든 연쇄 살인사건 수사 등에 투입되어 용의자의 성격, 행동유형 등을 분석하고, 도주 경로나 은신처 등을 추정하는 역할을 한다.

한국에서 활동하는 한 프로파일러가 자신의 책에서 프로파일러에게 가장 필요한 자질에 대해서 한 말이 기억에 남는다. 바로 '있을 수 없는 일은 없다'는 구절이다. 그 열린 마음이 인상적이었다. 프로파일러는 수없이 많은 가설을 세울 능력이 있어야 하며 동시에 황당해 보이는 말에도 귀를 기울일 수 있어야 한다는 것이다.

아빠는 자녀의 프로파일러가 돼야 한다. 이른바 '프로파더러(profatherer)'다. 자녀에게 끊임없이 관심을 둬야 하고, 그들의 행동과 말의 미묘한 변화에 엄마 이상으로, 객관적이고 전체적인 관점에서 귀를 기울이고 주의를 집중할 수 있어야 한다. 아빠 입장에서 이해가 안 되고 황당한 말과 행동을 한다 해도 무시해서는 안 된다. 자녀를 잃고 나서야 후회하지 않기 위해서다. 그래야 '있을 수 없는 일'이 자녀에게 일어나지 않도록 막을 수 있다.

아빠의 무시는 사춘기 아이들에게 무관심으로 느껴지고, 결국 아이는 마음을 닫아버린다. 관계 악화는 당연하다. 자기 정체성을 확립해야 하는, 외로운 사춘기 시절을 더욱 힘들게 만들고 망가뜨리는 데 아빠가 일조하고 마는 것이다. 사춘기에 들어서기 전, 늦어도 사춘기에 접어들고 얼마 되지 않은 시기에 자녀에게 진짜 관심을 주지 못한 것을 후회하는 아빠들이 너무나 많다. 아빠 자신과 관련 없다고 생각했던 문제가 ―아내의 문제, 선생님의 문제라고 생각했던 사춘기 아이의 일이― 어느 순간 절실한 아빠의 문제가 되고 만다.

수많은 아빠들이 "아이를 잃고 나서야 아이를 알게 됐다"고 말한다. 자녀가 잘못된 길로 홀로 외로이 걸어가고 있는데 그것도 모르고 가짜 관심만 주다가 결국 돌이킬 수 없는 관계의 단절을 맞닥뜨리고 나서야 비로소 '아차!' 하며 눈물을 흘린다. 언제까지 자녀를 바라보고만 있을 것인가. 아빠로서 아이의 사춘기를 더불어 살아가면서 자신 역시 성장하기 위한 선택이 필요한 순간이다.

> 안다는 것

마음 따로, 말 따로

어쩌다 어른, 어쩌다 부모

・・・

　나도 한때는 아이였다. 이제는 어른이 됐다. 어쩌면 어른인 척 하면서 살고 있는지도 모르겠다. 진짜 괜찮은 어른도 아니면서. 내가 겪었던 유아기와 소년기를 깡그리 잊은 채 함부로 어른인 척하며 살아간다. 나는 안다. 내가 그리 좋은 어른, 바람직한 어른, 괜찮은 어른이 아니라는 것을. 그런데 걱정이 있다. 나의 실패가 ―'좋은 어른이 되려고 했지만 그러지 못한'― 아이에게 그대로 전달되고 있는 것은 아닌지 말이다.

사춘기 시절 방황하고 고민하고 괴로워하던 나를 잊은 채 아이를 대하고 있는 것 같다. 이탈하고 숨어버리고만 싶던 그 시기를 당당하게 대면하지 못하고 '어쩌다 어른'이 되어놓고는 이제 사춘기 초입에 들어선 아이와 대화 하나 제대로 못해서 쩔쩔맸다. 지나온 나의 사춘기를 아무렇지도 않게 여겼고 깡그리 잊어버리기 급급했다. 사춘기의 고통을 되살리는 것은 잘못이라고 착각했다.

나의 사춘기를 부정하는 것까지는 뭐 그렇다고 치자. 그런데 아이의 사춘기에 대해서도 마찬가지로 '사춘기란 필요 없는 시기'라고 윽박지르는 나를 발견했다. 아이가 고민에 빠지는 것 자체를 걱정하다 보니 아예 사춘기의 갈등 따위는 없이 지냈으면 하는 '몽상'에 잠기기도 했다. 아이를 이해하려 하기보다 아이의 문제를 회피하려 노력했다. 아이를 알려고 하지 않았고 내 방식대로, 내 생각대로 성장하기만을 기대했다.

한 철학자는 사랑의 개념을 이렇게 정리했다.

> '사랑'은 상대방이 무엇을 좋아하는지 아는 거다. '사랑'이란 상대방이 좋아하는 것을 해주는 것이다.

얼핏 들으면 별것 아닌 말이다. 하지만 나는 이 말을 듣고 스스로를 깊이 반성했다. 나는 아이를 사랑한다. 그런데 사춘기에 접어드는 아이가 무엇을 좋아하는지는 알려 하지 않았다. 아이가 좋아하는 것이 아니라 부모인 내가 바라는 것을 좋아하기만을 기대했다. 아이의 상황에 맞는 것이 아니라 내가 생각했을 때 맞는 것을 강요하려고만 했다. 이기적인 생각이었다. 아이를 사랑한다고 생각했지만, 정작 아이에 대한 나의 사랑은 아이가 무엇을 좋아하고 무엇을 바라는지 세심하게 알아채고 채워주는 진정한 사랑으로 존재하지 않았음을 이제야 고백한다.

"내가 이럴 줄 알았다니까!"
...

사춘기, 혹은 사춘기 초입에 있는 아이를 나는 여전히 유아기 때 윽박지르던 방식으로 대했었다. 아이를 잘 몰랐기 때문에 믿지 못했다. 내 생각의 틀에서 벗어나면 '틀린' 것이고 '나쁜' 것이었다. 그런 사례는 부끄럽지만 지금 생각하니 무수히 많았다.

아이들이 사춘기에 다다르기 전까지만 해도 주말에 함께 놀러 갈 때면 나는 늘 조건을 달았다.
"재미있게 놀다 오면 꼭 책상에 앉아서 공부해야 해!"
어찌어찌 놀러 갔다 와서는 내 임무를 '완수'했다는 홀가분함에 인터넷 서핑을 위해 의자에 앉거나 겨울 빼고 늘 진행되는 프로야구 경기를 본다고 스마트폰을 켜고 드러눕곤 했다. 이때 아이들이 차분히 앉아서 공부하느냐? 당연히 그렇지 않다.

별것도 아닌 일로 서로 싸우고, 그렇게 먹여놨는데도 배고프다고 징징대고, 마루를 엉망으로 만들고……. 그러다 "아빠, 심심하니까 같이 놀아주세요!" 하면 나는 폭발한다. 아이들을 다 '집합'시키고 일장연설을 한다.

"너희! 오늘 하루 종일 아빠가 재미있게 놀아줬는데 하라는 공부는 안 하고 또 이 난리를 치는 거야? 아빠랑 분명히 약속했지! 놀고 와서는 공부하겠다고! 너희를 믿은 내가 잘못이지. 내가 이럴 줄 알았다니까!"

공부할 때 공부하고, 놀 때 노는 아이들이 세상에 몇이나 될까? 나 역시 어릴 적에는 놀 때도 놀고, 공부할 때도 당연히 놀지 않았던가. 내 어린 시절은 깡그리 잊어버린 채 아이와 인격적인 관계에 기초해서 좋은 대화를 시도하기는커녕 "너는 그 정도밖에 안 되는 인간이야!", "네가 어쩐지 말을 잘 듣는다 했더니 결국!" 운운하며 부정적인 감정을 서슴없이 표현했다.

말투를 고치려고 노력했다. 참거나 이해하려고 애쓰기도 한다. 하지만 지금도 가끔은 오직 나만의 관점으로 아이들과 대화를 시도하다가 '아차!' 한다. 조심하려고 하는데도 쉽지가 않다.

게다가 이제 사춘기에 접어든 아이는 그런 말을 쉽게 넘기지 않는다. 어떻게 생각하면 버릇없다고 여길 수 있는, 하지만 나 자신을 돌아보게 만드는 대답이 돌아오는 경우가 있다.

언젠가 모바일게임을 하느라 일요일 아침에 방에 틀어박혀 꼼짝도 않는 아이를 불러 일장연설을 했다.

"어제 친구들이랑 영화도 보고, 재미있게 놀았으면 오늘은 조용히 앉아서 공부할 생각을 해야지. 그래서 뭐가 되려고 그래? 너, 왜 고작 그 모양이야?"

말하면서도 '이렇게 말하면 안 되는데……' 싶었다. 하지만 이미 나의 말은 앞뒤 없이 거칠게 튀어나왔다. 그때 아이는 어릴 적이라면 했을 행동, 즉 '조용히 풀이 죽어서 듣기만 하는' 모습을 보이지 않았다. 내 눈을 똑바로 쳐다보더니 한마디 했다.

"아빠, 몰랐어요? 제가 원래 그 정도밖에 안 돼요."

너무나 차분한 그 부정의 말에 가슴이 '쿵' 하고 내려앉았다. 아이에 대한 미안함에 어찌 대응해야 할지 모를 지경이었다.

어린아이는 아빠가 부정적인 말을 하면 울거나 피하지만, 사춘기 아이는 반항적 말과 행동을 취한다. 이런 상황이 당신에게 벌어졌다면 어떻게 대응할 것인가?

"아빠가 실수했다. 이렇게 말하면 네 마음이 어떨지 몰랐어. 그래도 아빠는 기쁘다. 이제 너도 아빠 말에 당당하게 대꾸할 만큼 큰 것 같아서 말이야. 앞으로 아빠도 조심할게. 대신 조금만 더 긍정적으로 말할 수 있도록 서로 노력해보자."

솔직히 말하면, 나도 이렇게 말하지 못했다. "뭐라고? 아빠 말에 어디 함부로 말대꾸야!" 당황스러움과 난처함에 고함만 빽 지르고 자리를 피했다. 진심으로 내 아이에게 미안하다는 말을 지금에서야 제대로 한다.

"미안하다, 첫째야."

물론 때늦은 사과를 하기 전에 아이의 입에서 냉소적인 말이 나오지 않게 미리 조심하는 편이 옳다. 그러려면 사춘기 아이를 상대하는 자신의 말을 늘 관찰해야 한다. 아이의 잘못된 행동을 꼬집어 직설적으로 말하기보다 아이가 자신의 행동을 돌아보게 해서 스스로 개선할 수 있도록 도와야 한다. 이렇게 말이다.

"어제 친구들하고 재밌게 지냈다고 엄마가 말해주더라. 집에 와서는 동생들하고도 잘 놀아줬다고 해서 아빠가 기분이 좋았어. 내일 학교도 가야 하는데 게임은 이제 그만하고 동생들도 돌봐주고 방도 정리하면 아빠도, 엄마도 기분이 좋을 것 같은데 어떻게 생각하니?"

진정한 의사소통 능력이란 대화를 원만하게 이끌어나가는 능력이 아니다. 그보다는 의사소통이 불가능한 상황이 되지 않도록 미리 준비하는 것이 첫 번째요, 의사소통이 힘든 상황이 왔을 땐 그 상태를 바람직하게 벗어나는 것이 두 번째다. 서로의 말을 제대로 알아듣지 못하는 상황이 발생했을 때, 이를 조율해서 말이 통하는 여건을 만들 수 있느냐 없느냐가 진정한 의사소통 능력의 유무를 구분하는 잣대이다.

　사춘기 아이와의 대화가 힘들어졌다면 이제는 그동안 하지 않았던 대화를 시도해야 한다. 사춘기 아이와의 대화가 힘든 이유는 우선 아이가 유아기 때와는 전혀 다른 몸과 마음을 갖게 되었는데, 부모가 아이에게 유아기 때 하던 대화 습관을 그대로 유지하기 때문이다. 이제 하지 않았던, 하지만 해야만 하는 대화를 시도해야 한다. 다소 불편하고 어색하더라도 처음엔 모든 일이 어렵다는 생각을 하고 연령대에 맞는 새로운 소통 양식으로 다가가기 바란다.

아이의 성장을 기다릴 줄 아는 여유
・・・

　아이와의 대화에는 시간이 필요하다. 유아기 때 하던 대화 습관을 버려야 하는 건 맞지만 하루아침에 아이를 다 큰 어른처럼 취급해서는 안 된다. 균형이 필요하다. 아이의 성장을 기다려주는 여유를 가져야 한다. 아이의 인격은 기하급수적으로 성장하지 않는다. 단계별로, 그것도 계단식으로, 천천히 하지만 꾸준히 인성을 키워나간다. 정신없는 세상의 속도에 익숙해진 나머지 아이의 인격적 성숙 역시 급하게 기대하지 않도록 조심해야 한다.

〈조선일보〉 칼럼에서 옛이야기를 인용하면서 정치적인 사건을 비유적으로 해석한 사례를 봤다. 사춘기에 접어드는 아이를 위한 교훈으로 삼을 수도 있을 것 같아서 인용하고 풀이해본다.

> [이야기 1] 떡집 주인이 사무라이를 찾아왔다. 사무라이의 아들이 떡을 훔쳐 먹었다는 것이다. 어린 아들은 먹지 않았다고 했다. 사무라이는 칼을 들어 아들 배를 갈랐다. 떡이 나오지 않자 사무라이는 떡집 주인 목을 치고 자기 배를 그어 자결했다.

> [이야기 2] 세종이 아꼈다는 조선시대 문인 재상 윤회(尹淮)가 젊어서 여행길에 올랐을 때의 일이다. 여관 주인이 방이 여의치 않다 하여 뜰에 앉아 있었다. 주인의 아이가 진주를 갖고 놀다가 떨어뜨리자 곁에 있던 거위가 진주를 삼켜버렸다. 주인은 윤회를 의심하여 묶어두고, 날이 밝으면 관아에 고발하기로 했다. 윤회는 "저 거위도 내 곁에 매어두라"고 했다. 이튿날 아침, 거위 뒷구멍에서 진주가 나왔다. 주인이 "어제는 왜 말하지 않았소?" 하고 묻자 윤회가 말했다. "어제 말했다면, 주인장은 필시 거위 배를 갈라 구슬을 찾았을 것 아니오."

[이야기 1]은 김소운의 《목근통신》에, [이야기 2]는 이긍익의 《연려실기술》에 나오는 이야기라고 한다. 일본 무사와 조선 선비는 생각하는 방식과 처리하는 방법, 속도가 다르다.

'일본 무사형' 부모가 될 것인가, 아니면 '조선 선비형' 부모가 될 것인가? 속전속결의 시원함이 좋다고 일본 무사형 부모의 모습을 택할 것인가? 그보다 우리에게는 짧은 시간 굴욕을 견디며 미물의 생명조차 아낀 조선 선비의 지혜가 필요하다. 아이의 성장을 기다릴 줄 아는, 아이가 겪는 성장의 고단함을 응원할 줄 아는, 그런 부모가 되도록 노력해보자.

동류의식

너와 나는 다르지 않다

표현하지 않으면 아무것도 아니다

...

　사랑과 보살핌, 애정과 관심은 어떤 식으로든 표현하지 않으면 제 힘을 발휘하지 못한다. '묵묵히 지켜본다'와 '표현하지 않는다'는 전혀 다르다. 부모의 힘은 '묵묵히 지켜보되 표현할 때는 표현하는' 데 있다. 아무 표현도 하지 않고 아이를 지켜보기만 한다면 좋은 부모가 아니다. 사춘기 아이에게 어떻게 표현해야 할지 늘 고민해야 한다. 다음의 두 경우에 대해 잠시 생각해보자.

[질문 1] 아이가 좋은 성적을 받지 못해 의기소침해 있다. 이 아이를 진심으로 격려하는 방법을 알고 있는가?

[질문 2] 퇴근 후 집에 왔다. 사랑하는 아이가 아빠를 쳐다본다. 이 아이에게 다가가서 믿음과 애정의 말과 행동을 하는 방법을 알고 있는가?

대답이 바로 떠올랐는가? 아이를 어떻게 대할지, 무슨 말로 사랑과 관심을 표현해야 할지 몰라서 아마 많은 아빠들이 어려워할 것이다. 아니, 굳이 표현하지 않아도 아이가 먼저 아빠의 마음을 알아주기를 기대할지도 모르겠다. 하지만 이는 어불성설이다.

표현하지 못하는 부모는 좋은 부모 자격이 없다. 매 순간 다가오는 아이의 표정, 말 등을 열린 감각으로 따뜻하게 맞이하고 다정하게 표현하지 못한다면 부모로서의 역할에 문제가 있음을 깨닫고 반성해야 한다. 아이가 다가왔을 때 사랑을 적극적으로 표현해주지 못하면 아이는 슬픔에 빠진다. 아이는 부모를 사랑하고 싶어한다. 그리고 사랑받고 싶어한다. 아빠라면 응당 아이의 사랑에 화답해줘야 한다.

아이를 슬프게 하지 마라. 사랑의 말로 표현해줘라. 사랑의 행동을 능동적으로 보여줘라. 마음에만 품고 있는 사랑은 사랑이 아니다. 제대로 적극적으로 표현할 때 사랑은 꽃을 피운다.

"엄마는 이렇게 생각해. 너는?"

• • •

동류의식(同類意識)이라는 말이 있다. '자기 외의 의식적 존재를 자기와 동류라고 인정하는 의식 상태'로 미국의 한 사회학자가 제창한 개념이다. 어려운 말인 것 같다. 속된 말로 이르자면 '한패의식'이라고도 할 수 있겠다. 부모는 '너나 나나 그리 다르지 않다'는 전제를 갖고 아이를 바라봐야 한다. 좀 더 나아가 사춘기 아이에게 '너는 이제 작은 어른이야'라고 선언해줘야 한다. 그리고 함께 고민하는 동류의식을 가져야 한다.

아이는 많은 것을 물어본다. 열 살을 훌쩍 넘겨 초등학교 6학년쯤 되니 대화하는 수준 자체도 다르다. 초등학교 2학년인 셋째가 "대통령은 여행을 많이 다녀서 좋을 것 같아요"라고 천진난만한(!) 의견을 내놓을 때 초등학교 6학년에 올라가는 첫째는 차기 대선 후보의 성향에 대해 진지하게 물어보기도 한다(이런 걸 보면 대한민국의 발전을 위해 투표권을 중학생까지 확대해도 나쁘지 않겠다는 생각까지 든다).

그러니 사춘기 아이와 대화할 때는 일방적으로 가르치기보다 기본적으로 "네가 모르는 것은 나도 잘 모르고, 내가 모르는 것을 네가 알 수도 있다"는, 즉 동류의식에 기초한 마음가짐을 가져야 한다. 언젠가 열세 살이 되는 첫째 아이와 이런 대화를 나눴다.

첫째 : 아빠, 민주주의 할 때 민주가 무슨 뜻이에요?

아빠 : 그건 국민이 주인이라는 뜻이야.

첫째 : 공산주의는 나쁜 의미예요?

아빠 : 아니야, 뜻 자체는 나쁘지 않아. 서로 나누면서 살자는 의미니까.

첫째 : 그런데 왜 공산주의가 나쁜 거예요?

이때 아빠인 당신은 뭐라고 답할 것인가? 아래의 보기에서 골라보라.

① 넌 학교에서 도대체 뭘 배우고 다니니?

② 그런 말 함부로 하면 안 돼.

③ 더 이상 모르겠다. 아빠 바쁘거든?

④ 엄마한테 물어봐라.

아쉽게도 정답은 없다. 사춘기 아이의 질문에 대한 아빠의 대답으로는 모두 부적절하다. 전부 다 아빠의 관점에서, 아빠의 입장에서만 한 말이다. 사춘기 아이와 차분하게 대화할 절호의 기회가 찾아왔음에도 그것을 걷어차버리는 전형적인 '소통 부재 아빠'의 모습이다. 아빠와 아이가 다르지 않다는, 겸손한 동류의식을 지닌 아빠라면 이렇게 말할 수 있어야 한다.

"아빠 생각에는, 음…… 공산주의의 의미 자체는 나쁘지 않은 것 같아. 그런데 그걸 실제로 한 나라에 적용시키는 과정에서 문제가 생겼던 것 아닐까? 네 생각은 어때?"

고마움을 표현할 줄 아는 아이로 키우기

• • •

부모도 사람이다. 아이가 좋아하는 건 아빠인 나도 대부분 좋아하고, 아이가 싫어하는 건 역시 마찬가지로 싫어한다. 인간의 본성적 측면, 예를 들어 기쁨, 슬픔, 미움, 서운함 등의 감정은 더욱 그러하다. 정도의 차이, 인내의 차이 정도만 있을 뿐 어른이나 아이나 비슷한 사람이니 당연한 일이다. 우리는 모두 똑같이 감정을 느낀다.

예를 들어 부모가 자녀를 무시하면 옳지 않듯, 아이 역시 부모를 무시하면 곤란하다. 아이가 부모를 무시한다고? 어떤 상황에서 그럴까? 아이가 부모에게 고마움을 표현하기 어색해하는 경우를 들 수 있겠다. 열심히 돈을 벌어서 아이들에게 맛있는 것을 사주고, 아이의 안전을 걱정하며, 좀 더 나은 교육을 시키려는 데 대해 고마움을 표시하지 않는 아이들의 행동과 말이 그렇다. 여기서 하나 짚고 넘어가야 할 주제가 있으니 바로 돈 문제다.

사춘기쯤 되었다면 이제 돈에 대해 가르쳐야 한다. 부모의 돈

벌이를 당연하게 생각할 것이 아니라 진심으로 감사를 표현할 줄 알아야 한다. 한 금융회사 대표는 2016년 12월 9일자 〈중앙일보〉에 '자녀에게 돈을 가르치자'고 썼다. 밥상에서 하릴없이 연예인 얘기로 시간을 허비하지 말고 돈을 논하라고 권했다.

> 전 세계에 경제적으로 막강한 힘을 과시하는 유대인은 자녀가 어렸을 때부터 돈을 가르친다. 미국의 장난감 체인점 중엔 장난감뿐만 아니라 장난감을 만드는 회사의 주식도 동시에 판매하는 곳이 있다. 어렸을 때부터 자본이 일하게 하는 방법을 깨닫게 하기 위함이다. 한국도 이젠 자녀에게 맞지도 않는 성공방정식을 강요하지 말아야 한다. 대신 돈의 생리와 흐름을 알려주는 게 낫다. 돈이 움직이는 원리를 알면 자녀 스스로 성공의 길을 개척할 수도 있다.

세상살이에서 돈이 전부는 절대 아니다. 하지만 돈이 많으면 할 수 있는 일이 많아지는 것도 분명한 사실임을, 그것을 위해서 아빠와 엄마가 하루하루 최선을 다하고 있음을 사춘기 아이도 이제는 알 때가 됐다. 부모가 돈을 벌기 위해 열심히 살아가는 것처럼 아이도 그 돈이 얼마나 무서운지 알아야 한다. 자본주의 세상을 접하고 알아가며, 결국에는 그 속에서 살아가야 할 아이와 돈에 대해 허심탄회하게 대화하는 시간을 가져보자.

"네가 용돈 받는 데 진심으로 감사의 마음을 표현하면 엄마 기분도 좋아져."

"너희들이 학원에서 최선을 다해 공부하겠다고 말하면 아빠는 회사에서 힘들었던 것도 다 잊게 된단다."

"네가 용돈을 어떻게 쓰고 있는지 궁금한데 엄마한테 말해줄 수 있어? 어떻게 생각해?"

"아빠가 어떤 일을 하는지 궁금하지 않니?"

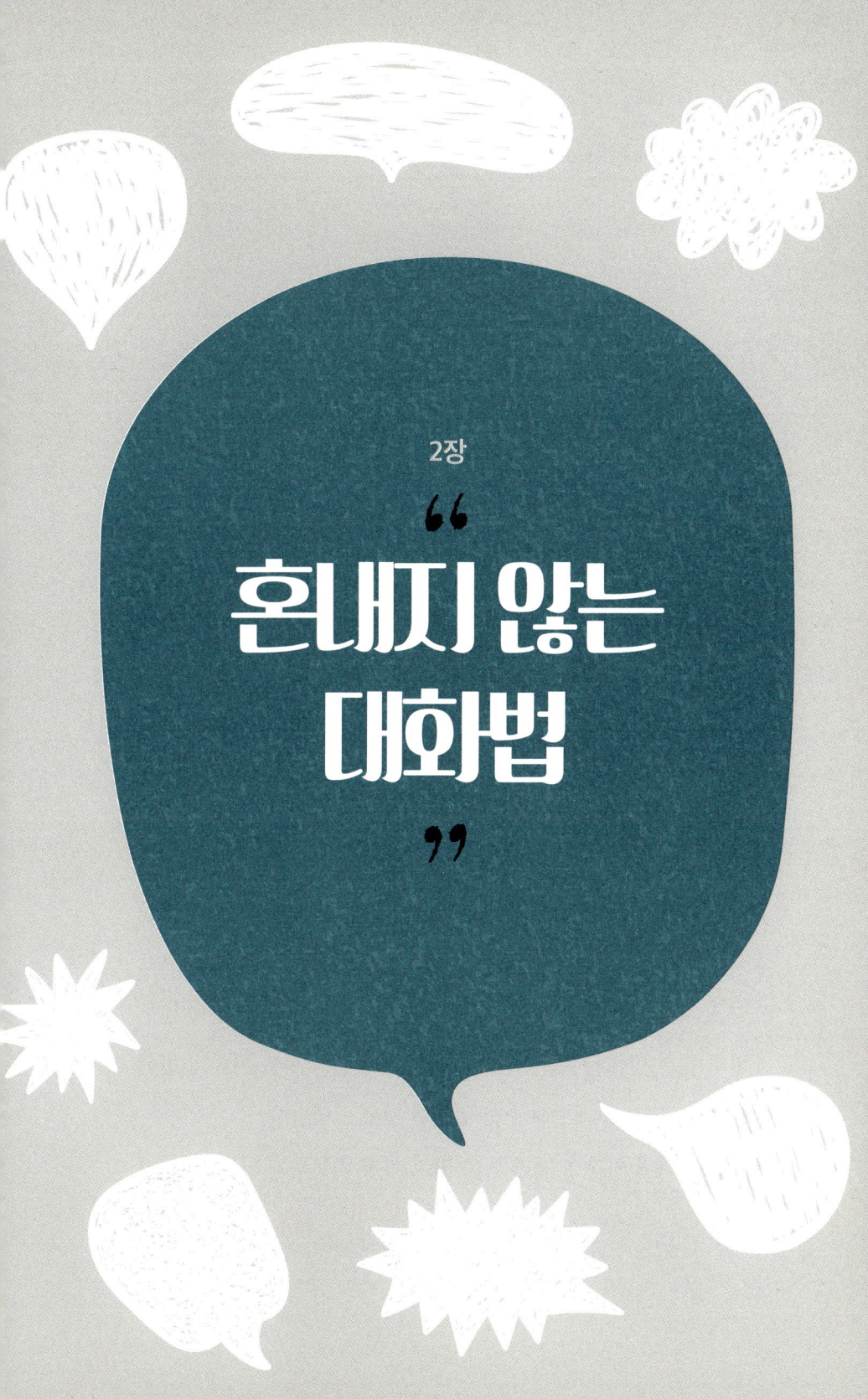

2장

"혼내지 않는 대화법"

> 슬픈 아이들의 운명

아이의 생존본능

따뜻한 기억을 남겨주신 엄마

• • •

당신의 첫 기억은 무엇인가? 누구는 두 살 때 옥수수 먹던 기억도 난다는데, 나는 둔해서인지 아무리 떠올려봐도 유치원 때쯤의 기억이 날 뿐이다. 특별한 기억도 아니다. 남자아이라면 으레 있을, 골목길에서 열심히 축구를 하던 기억 정도다. 옆집 승범이 형네 대문 앞에서 "승범아, 노올자!"—승범이 형은 어떻게 변했을까?— 라고 고래고래 소리 질렀던 것도 기억난다.

그렇다면 가장 오래전 기억 말고 가장 따뜻하게 남아 있는 기억은 무엇인가? 나에게는 초등학교 2학년 때 일이 그렇다. 그날 학교에 갔다. 몸이 많이 아팠나보다. 1교시를 보내는 둥 마는 둥 정신이 없었다. 선생님이 내 쪽으로 오셨다. 불덩이 같은 머리에 손을 얹어보시더니 깜짝 놀라서 당장 집으로 가라고 하셨다. 몸이 많이 무거웠을 텐데 일찍 집에 가라는 선생님의 말에 기분이 좋았던 걸 보면 애는 애였나보다. 그날따라 집으로 가는 길이 멀게만 느껴졌다. 몸이 아팠으니 힘들었을 거다.

학교를 나와 집으로 가려면 큰길 하나와 작은 길 하나를 건너야 한다. 큰길 횡단보도에서 신호등을 보며 건널 준비를 하던 중이었다. 맞은편에서 엄마가 보였다. 놀란 눈으로 나를 보시더니 곧바로 달려와선 어찌된 일이냐고 묻고, 힘없이 늘어지는 불덩이 같은 내 몸에 놀라시더니 곧바로 '권○○ 내과'로 데려가셨다. 그렇게도 맞기 싫어하던 주사를 맞고, 쓴 약을 받아 집에 왔다. 무거운 이불을 두 채, 세 채 내 몸에 올려놓고 방을 뜨끈하게 데워주던 엄마의 기억이 생생하다. 찬 거 먹으면 안 된다며 오렌지주스를 미지근하게 데워준 ─ 맛은 없었다 ─ 것도 기억난다.

그때 느꼈던 나의 감정, 따뜻함과 안도감, 그리고 편안함이 여전히 기억 한구석에 남아 있다. '엄마의 사랑'이라는 이름으로 말이다. 오래전 일이지만 단순히 '기억'이라고 하기엔 너무나 포근한, 마음속에 각인되어 여전히 몸으로 느껴지는 '추억'이다. 나를 끔찍하게 아끼던 엄마의 품이 여전히 그리운 이유이기도 하다.

아이는 약하다

...

아이는 약하다. 아이는 본능적으로 자신의 미약한 생존능력에 엄마와 아빠가 얼마나 큰 영향력을 미치는지 안다. 아빠가 혼내면 나를 버릴까 무섭고, 엄마가 안아주면 그 사랑에 마음이 놓인다. 더군다나 유아기와 소년기는 가장 마음이 약한 상태에 놓이는 시기다. 부모는 아이 양육에 절대적인 사람인 만큼 절대적인 권력도 휘두를 수 있다. 어떻게 보면 아이는 약하지만 현명하다. 자신에게 절대적인 힘을 행사하는 아빠, 엄마에게 함부로 대들지 않으니 말이다. 아이들은 이렇게 일찍부터 삶의 방식을 터득한다.

아빠, 엄마 말에 무조건 순응하는 아이들, 슬프지 아니한가. 세상 밖에서 아이들에게 누군가 눈치를 주면 부모는 분노한다. "우리 애를 뭐로 보고!"라며 눈에 핏대를 세우고 싸우는 부모를 흔치 않게 본다. 그런데 이상하다. 세상에 나가 당당하기를 그 누구보다도 원하는 엄마, 아빠가 정작 대부분의 시간을 함께하는 가정에서는 아이를 주눅 들게 만드니 말이다. 남이 하면 절대 용서할 수 없는 일을 자신은 일상적으로 행한다. 이를 아이의 생사여탈권을 쥔 부모의 당연한 권리라고 생각하는 한편, 폭력적인 말과 행동이 아이에게 잘 '먹히면' 부모는 자랑스러워하며 이렇게 말한다.

"우리 애가 참 착해요."
"우리 집 애는 말을 잘 들어요."

아이는 생존을 위해 감정을 숨겨야 한다는 것을 안다. 그래서 아빠, 엄마의 말에 '기쁘다' 혹은 '슬프다'를 함부로 말하지 않는다. 특히 엄마에 비해 상대적으로 '띄엄띄엄' 마주치는 아빠에게는 잘했는지 아니면 잘못했는지에만 초점을 맞춰 대답하곤 한다. 하루에 몇 시간, 아니 몇 분밖에 얼굴을 보지 못하는 바쁜 아빠에게 아이는 늘 좋은 모습만 보여주고 싶어한다. 그래서 아빠에게는 자신을 있는 그대로 잘 표현하지 못한다. 감정을 숨기는 아이, 그리고 그 감정을 숨기고자 하는 대상이 다른 사람도 아닌 아빠라는 사실, 정말 슬픈 일이다.

엄마들을 대상으로 종종 특강을 하는데, 그럴 때마다 빼놓지 않고 하는 말이 있다. 퇴근 후 집에 온 남편과 대화할 때, 아이에 대한 부정적인 이야기부터 꺼내지 말라는 거다.

"민희가 수학 점수를 70점 받아 왔어. 어떻게 해."
"선생님이 진수 수업태도가 산만하대. 애 좀 정신 차리게 혼내줘."

아이를 하루 종일 못보다가 처음 본 아빠는 그런 말을 들으면 아이에 대해 나쁜 인상을 가질 수밖에 없다. 결국 아이와의 대화는 부정적인 말로 시작된다.

"민희야, 이리 와봐!"
"진수! 어디 갔어! 아빠랑 이야기 좀 하자!"

가시 돋친 말로 아이를 불러다놓고는 훈계를 퍼붓는다. 하지만 과연 이 훈계가 아이들에게 잘 전달될까? 감정이 격해졌을 때 아이를 어떻게 대하는가는 아빠의 양육능력을 가늠하는 척도다. 무작정 쏟아붓는 훈계는 아이와의 대화를 가로막는다. 아이의 방어 본능만 키우며 결국에는 불통에 이르게 한다.

아빠는 세상이 만만치 않으며 자기 자녀가 얼마 안 있어 그런 세상에 부딪힐 것을 잘 안다. 그렇기에 '내 아이가 좀 더 잘됐으면!' 하는 바람으로 아이와 대화한다. 하지만 서툰 표현, 억압적인 말투, 통제를 위한 지시가 아이와의 관계를 엉망으로 만든다. 숨 쉴 틈도 없이 쏟아지는 아빠의 말을 아무 소리 못하고 듣기만 하는 아이의 대답은 늘 간단할 수밖에 없다.

"네."

아이는 '네'라는 긍정의 형식을 취하지만 실제로는 긍정이 아니라 회피의 표현일 뿐이며 목적은 단 하나, 불편한 자리에서 벗어나는 것뿐이다. 아빠의 화가 빨리 누그러지기를 바라는 마음에서 단답형 대답을 하고 대화를 어서 끝내고자 한다.

특히 아이의 부정적·소극적·수동적 '네'를 불러오는 아빠의 말이 있다. 바로 "알았지?"다. 이 말에 "몰랐어요"라고 답할 아이는 그리 많지 않다. 모두 "네" 하고 대답한다. 묵시적으로 아이에게 '네'를 강요하는 '알았지?'를 남발하지 말고 아이가 진정으로 아빠의 말을 수용했는지 관찰하면서 대화를 이어가야 한다.

좋은 부모가 되고 싶다면 아이의 '네'가 '가짜 네'임을 알아야 한다. '진짜 네'가 아님을 느끼고 반성해야 한다. 가짜 대답을 듣고도 '사춘기에 접어들더니 아빠 말에 곧장 알았다고 하네. 말귀 알아듣는 걸 보니 다 컸어'라고 흡족해한다면 아빠 자격에는 한참 미달이다. '이 정도 얘기했으니 자기도 뭔가 느낀 바가 있겠지'라고 생각했다 해도 마찬가지다. 자질 부족이다.

아이의 '어쩔 수 없는 네' 혹은 '가짜 네'를 이끌어내는 대화에만 익숙져서는 곤란하다. 사춘기 아이와의 대화를 단절시키는 말을 해놓고는 아이가 말을 잘 듣는다고 흡족해하지 말자. 아이에게 조급하게 뭔가를 가르치려고 하기보다 아이의 행동이 엄마, 아빠의 마음을 왜 아프게 하는지 들려주고, 하고 싶은 말을 솔직하고 구체적으로 전하는 편이 훨씬 부모답다.

"민희야, 이번에 열심히 공부하던데 성적이 안 올라서 마음 아프겠다. 엄마가 더 서운하더라. 언제든 도와줄 것 있으면 말해. 다음에는 조금만 방법을 바꿔보자."

"진수야, 수업시간에 앉아 있기 힘들지? 아빠도 그랬었는데, 역시 아빠 아들이네? 하지만 충분히 극복할 수 있어. 아빠가 어떻게 이겨냈는지 그 비밀을 얘기해줄까?"

엄마 말에 토 달지 않는 아이가 특목고에 간다?
...

부모 말에 반항 한번 하지 않고 시키는 대로 하는 아이를 두고 우리는 '착하다'고 한다. '1+1=2'이고 '해는 동쪽에서 떠서 서쪽으로 진다'고 외우도록 시켰고, 친구와 싸우지 않는 게 옳은 일이고, 길에 떨어진 돈을 주워서 자기 주머니에 넣으면 나쁜 일이라고 가르쳤다. 물론 이런 가르침이 아이에게 해가 된다고 생각하진 않는다.

하지만 아이가 무엇인가를 외우고 배우고 습득하게 하는 과정에서 알게 모르게 '강요'의 방법을 선택하지는 않았는지 확인해봐야 한다. 옳은 것은 무조건 옳고, 나쁜 것은 죽을 때까지 나쁘다고 배우는 과정 속에서 부모가 옳다는 건 일단 다 수용해야 한다는 관념이 아이들에게 심어지지는 않았는지 생각해봐야 한다. 결국 아이들은 아빠의 말에, 엄마의 말에 순종하지 않으면 '내가 잘못한 건 아닌가?' 하는 죄책감을 느끼게 되어버린다. 부끄럽지만 나 역시 사춘기 아이에게 하나의 정답만을 강요하는 데 익숙한 아빠였다. 반성한다. 언젠가 사교육 입시전문가 분의 말을 들은 적이 있다.

"특목고 가는 애들을 봤더니요, 공통점이 있었거든요. 그게 뭐냐 하면, 걔들은 하나같이 엄마 말이라면 끔뻑 죽는다는 거예요. 엄마가 가라고 하면 가고, 오라고 하면 오고, 자라고 하면 자는 거 있죠. 절대 엄마 말에 반항을 안 해요."

당신은 이 말에 어떤 생각을 했는가. 나는 당시 이 얘기를 듣고 집에 와서는 무슨 큰 '계시'라도 받은 듯 아내와 아이들을 모두 불러놓고 그대로 전달했다.

"니들 말이지, 공부 잘하는 애들이 어떤지 알아? 좋은 대학교 가는 사람들을 조사해봤더니 그 애들은 다 엄마 말에 토를 안 달았대. 그러니까 앞으로 너희도 엄마 말에 쓸데없이 토 달면 혼날 줄 알아!"

아휴, 아빠 수준이 이 모양이라니. 그때 했던 나의 말을 모두

거둬들이고 싶다. 얘들아, 미안하다.

부모의 독설이 아이를 죽인다
...

　엄마, 아빠 말에 꼼짝도 못하는 아이가 착한 아이라는 생각은 지금 당장 버려야 한다. 공부를 끝내주게 잘해서 최고의 대학에 가고, 하라는 대로 했던 아이들이 어른이 돼서는 '하라는 대로 하는 사람', 더 나쁘게는 '자신보다 약한 사람'을 상대로 "내가 하라는 대로 해야 해!"라고 윽박지는 사람이 되어버리는 경우를 심심찮게 목격한다.

　하라는 대로 안 하면 어떤 방법을 써서라도 불이익을 주고, 망가뜨리고, 그래서 타인을 피폐하게 만드는 사람이 얼마나 많은가. 그들이 모이고 모여 ― 요즘 유행하는 용어로 적폐(積弊), 즉 오래도록 쌓인 폐단 ― 대한민국 사회가 강자는 영원히 강자고 약자는 늘 약자인, 소위 왜곡된 갑을 관계의 끝판이 되어버린 것은 아닌가 하는 생각에 안타깝기만 하다.

　그런 세상에 우리 아이를 계속 살게 하고 싶은가. 아닐 것이다. 그렇다면 사춘기 아이와의 대화 방식부터 개선해나가야 한다. 아이가 당당한 사회 구성원으로 자리매김할 수 있도록 부모가 도와야 한다. 예를 들어보자. 아이는 실수할 수 있다. 아니, 작은 실수는 자주 해야만 한다. 사춘기 아이라면 실수에서 배울 수 있어야 한다. 그런데 대부분의 엄마, 아빠는 사춘기 아이가 작은 실수를 할 때 넉넉하게 포용하지 않는다. '그래, 그럴 수도 있겠다'는 너그러운 생각 하나를 하지 못하고 윽박지른다.

"네가 뭘 안다고? 네 맘대로 하니까 이렇게 된 거지!"
"도대체 하지 말라는 걸 왜 해서 이 난리야!"

이런 말이 우리 아이를 죽인다. 아이가 진정으로 성장하기를 원한다면, 그래서 좀 더 나은 세상의 주인공으로 서게 하려면, 그들을 향한 말이 더 성숙해져야 한다. 말 습관을 지금 당장 고쳐야만 한다.

어떻게 할 것인가. 우선 부모가 사춘기 아이를 향해 이런 옳지 않은 말을 내뱉고 있다는 사실 자체를 인식해야 한다. 입에서 험악한 말이 나오려 한다면 손으로 입을 막기라도 해야 한다. 당연히 어렵다. 우리 엄마, 아빠들 역시 성장하면서, 그리고 사회에 나와서 수많은 말에 상처를 받으며 이미 이런 오염된 말에 익숙해졌기 때문이다. 하지만 그렇다고 해서 아이를 향한 독설에 면죄부가 되지는 않는다. 독설은 그저, 독설일 뿐이다. 아이를 죽이는 말일 뿐이다.

부모의 입에서 지워야 할 세 가지 말

부모는 자기 입에서 나오는 말이 어떤 말인지 스스로 감별할 줄 알아야 한다. 아이를 성장시키는 말인지, 아이를 병들게 하는 말인지. 우선 아래의 세 가지 말부터 하지 않기로 다짐해보자. 아이를 무시하지 않는 대화법을 익히겠다고 마음먹은 아빠라면 반드시 피해야 할 말이다.

첫째, "안 갈 거니?"
아이들은 느리다. 생각이 느려서가 아니다. 지금 당장 해야 하는 일보다 자기 눈앞에 있는, 자신이 집중하고 있는 일에 푹 빠져버리기 때문이다. 외출하려 할 때 아이가 늦게 나온다면 다짜고짜 "안 갈 거니?"라고 내뱉지 마라. 일단 잠시 멈춰라. 아이가 뭘 하고 있는지 살펴보고 나서 말하라.

"무슨 옷을 입을지 고민되나 보구나? 날이 추운데 이 옷을 입는 게 어떨까?"
"아빠가 갑자기 나가자고 해서 정신없지. 앞으로는 미리 말할게. 대신 오늘은 조금만 서둘러줄래?"

둘째, "안 할 거니?"

대표적인 사례는 "숙제 안 할 거니!"다. 부모가 가장 많이 하는 말이 아닐까 싶다. 이렇게 말해보는 건 어떨까?

"친구 만나러 간다고 하지 않았니? 미리 숙제부터 끝내고 실컷 놀고 오면 어떨까?"

셋째, "안 잘 거니?"

사춘기 아이들은 예상 외로 밤에 잠을 단번에 자지 못한다. 그걸 보고 나는 생각한다. 세상에 관해 궁금한 게 많아서라고. 나름대로의 걱정 때문이라고. 이제 이렇게 말해보자.

"걱정거리가 있니? 아빠는 걱정 있을 때 잠이 안 오더라."

> **무조건적인 응원**

그럴 만한 이유가 있겠지

잘못한 것은 잘못했다고 말하는 용기

...

 하루를 끝내고 집에 돌아왔다. 안으로 들어가려는데 문 안쪽에서 나는 소음이 심상치 않다. 아내의 고함 소리가 들리고, 잠시 정적이 흘렀다가, 또 아내의 화난 목소리가 난다. 아이들이 뭘 또 잘못했나 보다. 솔직히 이럴 때는 집에 들어가기 싫다. 그래도 어쩌나. 모르는 척 집에 들어선다. 풀 죽은 아이들은 뿔뿔이 흩어져 자기들 방으로 간다.
 아내는 나에게 달려온다. 애들 좀 혼내달라고 도움을 청한다.

과자 먹는 걸로 싸우고 있었단다. 과자 하나 더 먹겠다고 처음에는 장난처럼, 그러다가 서로 치고받고 할퀴고 소리치다가 엄마한테 걸린 거다. 몸과 마음은 사춘기인데, 입맛은 여전히 어린아이인가 보다.

갓 10대에 접어든 둘째, 셋째는 그래도 엄마가 혼내면 무서워한다. 그런데 사춘기에 들어선 첫째는 당당하다. 논리를 나름대로 세운다.

아빠 : 엄마가 화가 났네?

첫째 : 쟤네들이 내 과자를 말도 없이 먹어서 그런 거예요.

아빠 : 그런데 엄마가 너한테 왜 화를 낸 거니?

첫째 : 함부로 먹지 말라고 동생을 살짝 밀었는데 넘어져서…….

아빠 : 그래? 많이 다쳤어?

첫째 : 별로 아프지도 않은 것 같은데 엄살은…….

절대 자기 잘못에 대해서는 말하려고 하지 않는다. 예전에는 안 그랬던 것 같은데, 요즘 들어 부쩍 더 그런다. 세상 어른들 역시 ─나를 포함해서─ 아무도 자기 잘못을 인정하고 싶어하지 않는다. 그래도 솔직히 내 아이만은 자신의 잘못을 당당하게 인정하고 미안하다는 말도 씩씩하게 했으면 좋겠다.

잘못한 거 이미 알고 있는데

...

　사춘기에 접어든 아이는 이제 '아이'가 아니라 '청소년'이라는 자부심이 있다. 나름대로 세상을 해석할 수 있다는 고집이 있다. 그러다 보니 다소 무리한 말과 행동을 할 때가 많다. 나쁘지 않다. 다 성장하는 과정에서 겪는 일이니 말이다. 아직은 부족하지만 자기 나름의 합리적인 생각, 이성적인 행동을 하고 있다는 자부심은 사춘기를 씩씩하게 거치는 하나의 방법이기도 하다. 미숙하지만 자기 논리로 차분하게 설명하고, 누군가의 말에 담담하게 대응하는 과정에서 아이들의 커뮤니케이션 수준도 높아진다.

　그래도 궁금했다. 분명히 자기 잘못인데 악착같이 그걸 인정하지 않으려는 이유는 대체 뭘까? 첫째를 불렀다. 집 앞 카페에서 마실 거나 한잔하자고 말했다. 머뭇거리더니 좋다고 한다. 카페에 가서 나는 에스프레소 한 잔, 첫째는 코코아 한 잔을 주문해서 앞에 놓고 궁금한 것을 물어봤다.

아빠 : 뭐 하나 물어봐도 될까?

첫째 : 네.

아빠 : 동생들이 네 과자를 함부로 건드려서 화났지?

첫째 : 네. 걔네들은 매번 왜 그러는지 모르겠어요.

아빠 : 기분이 안 좋았겠다. 그런데 동생이 조금 다친 것 같네.

첫째 : 살짝 밀었는데…….

아빠 : 그래도 조금은 미안하지 않니?

첫째 : 네, 그래도…….

아빠 : 맞아. 동생이 잘못했어. 그런데 너도 잘못했잖아. 아빠가 궁금한 게 있어.

첫째 : 네.

아빠 : 네가 잘못한 걸 알면서도 엄마한테 잘못했다고 하지 않는 이유가 뭐야?

사춘기에 접어든 첫째는 뭐라고 대답했을까? '별것도 아닌데' 혹은 '동생이 먼저 잘못했으니까'라는 식의 말을 했을까? 아니다.

첫째 : 잘못한 것, 나도 잘 알고 있어요. 그런데 그걸 말하면 엄마, 아빠가 또 화를 낼 것 같았고, 그러면 추궁당하는 느낌 때문에 기분이 좋지 않을 것 같아서 잘못했다고 말하기 싫었어요.

사춘기에 접어든 첫째는 이미 자신의 잘못을 잘 알고 있었다. 알고 있는 잘못을 밑도 끝도 없이 다시 끄집어내고 혼내고 벌주고 또다시 끄집어내는 그 과정을 견디기 힘들었을 뿐이다. 잘못한 걸 알지만 그걸 머릿속에 떠올리는 것 자체를 힘들어하는 아이들은 그래서 '악착같이'— 첫째가 이런 말까지는 하지 않았지만— 변명을 한다.

혼내기보다 아이의 감정에 집중하기
...

사춘기 아이들, 아직 여리다. 이때 부모는 아이의 편이 되어줘야 한다. 어떻게 아이의 편이 될 것인가. 예를 들어보자. 아이가 잘못을 했다. 값비싼 전등을 깼다. 미안한 마음을 가득 품고 부모의 호통을 기다리는, 겁에 질린 아이에게 우리는 이렇게 말한다.

"도대체 정신이 있는 거니, 없는 거니! 이게 얼마나 비싼 건데 말이야."

부모들은 말한다. 아이를 사랑한다고. 하지만 이런 말을 내뱉으면서 아이를 사랑한다고 말할 수 있을까? 이 말을 듣고 아이는 무엇을 느낄까? 아빠, 엄마에게는 자기보다 값비싼 전등이 더 중요하구나, 생각하지 않을까?

"어디 다치지 않았니?"

침착하게, 하지만 다정하게 말해야 한다. 우선 아이부터 보살펴야 한다. 그래야 아이는 비로소 엄마, 아빠가 자신의 편임을 경험하고 그것에 나름대로의 긍정적인 의미를 부여한다.

아이의 잘못을 부각하기보다 아이가 미안해하는 감정에 집중할 수 있어야 한다. 그래야 사춘기 아이가 자신의 잘못을 충분히 반성할 수 있고, 또 자기 잘못을 인정할 용기를 가질 수 있다.

칭찬의 힘

듣고 싶은 칭찬은 뭘까?

내 아이가 내 아이가 아닌 것 같다
...

예쁘고 귀엽던 아이들이 어느 순간 내 아이가 아닌 것 같다면 그건 감정을 억누르게 만들었던, 표현하지 못하게 만들었던 아빠, 엄마의 책임이다. 더럽고 어지러운 세상의 책임이 아니며, 아이들을 가르치는 선생님의 잘못도 아니다. 오로지 부모의 잘못일 뿐이다.

대부분의 부모 잘못은 행동이 아닌, 말투에서 시작된다. 대화라고 생각하며 내뱉는 부모의 말이 아이에게 억압과 통제로 받아들여지고 아이가 이를 거부하기 시작하면서 사춘기 즈음하여 부모와 아이의 소통이 끊긴다.

그래도 엄마는 좀 낫다. 아이와 함께하는 시간이 많으니 회복할 기회도 있기 마련이다. 아빠는 다르다. 함께하는 시간이 부족하기 때문에 한번 어긋나기 시작하면 바로잡기가 어렵다. 결정적 시기, 즉 유소년기를 지나 사춘기에 진입하는 그때 아이와 긴밀한 대화 체계를 만들어놓지 못하면 돌이킬 수 없는 불통의 길로 들어설 수밖에 없다.

그래놓고는 한탄한다. 내 아이가 아닌 것 같다고. 예전의 그 아이가 아니라고. 하지만 아빠로서 아이와 그동안 무슨 이야기를 나누었는지 돌이켜보라. 예전 대화 장면이 기억나지 않는다면 지금 아이를 어떻게 바라보고 있으며 어떻게 대화하고 있는지 관찰해보라.

잘 모르겠다면 아이와 대화할 기회가 생겼을 때 아이 몰래 스마트폰의 녹음기능을 이용해서 아빠가 아이에게, 또 아이가 아빠에게 어떤 말을 하는지 확인하기를 권한다. 과연 대화다운 대화를 하고 있던가? 아이의 감정을 받아들이고 아이의 성장을 돕는 말을 사용하던가? 혹시 이런 말이 먼저 나오진 않던가?

"와서 빨리 밥 안 먹어?"

"버릇없이 무슨 소리야?"

"똑바로 앉아서 먹어야지!"

"리모컨 좀 갖다줄래?"

"그렇게 말하면 어떻게 하니?"

대화라기보다 일방적인 훈계나 설명으로 아이를 윽박지르는 소리를 당신의 스마트폰 녹음 목록에서 듣게 될 것 같아 걱정된다. 한편으로 그 말을 아무 말도 못하고 참아내야만 하는 아이가 더욱 측은하기도 하다.

아이와 대화할 때 가장 중요한 것은 무엇을 어떻게 말해야 하는지가 아니다. 지금 이 순간 아이와 대화가 어떻게 진행되고 있는지, 대화의 분위기가 따뜻한지 냉정한지를 확인하는 일, 그것이 최우선적인 과제다. 현재의 대화 상황이 어떤지 뼈저리게 느끼지 못한 상태에서 섣불리 사춘기 아이와 대화하겠다고 덤벼든다면 그건 오히려 대화를 망치는 지름길이다.

대화를 확인하는 연습을 하라. 차분하게 녹음파일을 재생해 들으면서 사춘기 아이를 향한 부모의 말이 어떠한지 객관적으로 검토해보자. 이것만으로도 내 아이가 왜 내 아이가 아닌 것처럼 느껴지게 됐는지 알 수 있을 것이다.

나만의 길을 찾아내는 사람들

* * *

초창기 구글 멤버를 거쳐 '포켓몬 고'의 총괄 디자이너로 일한 한국계 데니스 황(Dennis Hwang), 그는 자신의 성공비결로 재미와 노력을 꼽았다. 그러면서 누구든 좋아하는 분야가 한두 가지는 있게 마련인데 그걸 놓지 말고 꾸준히 노력하면 즐거운 '나만의 길'을 찾아낼 수 있다고 말했다. 그가 이런 삶의 태도를 갖게 된 데는 부모님의 전폭적인 지지가 큰 역할을 했다면서 "학교에서 공부는 안 하고 공책에 그림을 한가득 그리고 돌아와도 부모님은 한 번도 혼내질 않으셨어요. 이 자리까지 올 수 있었던 건 아버지 덕입니다"라고 고마워했다. 〈중앙일보〉 2016년 11월 19일자 인터뷰에서 그는 이렇게 말했다.

> "나의 선택에 대해 단 한 번도 '하지 말라'고 가로막고 나선 적이 없으셨어요. 부모로서 자식에게 기대감을 가질 수도 있는데, 아무것도 강요하지 않고 자식의 의사를 존중해준 것이 가장 감사합니다. 그 덕에 '공부해야 한다'는 심리적인 압박감 없이 엉덩이를 붙이고 앉아 재미있게 공부할 수 있었고, 스탠퍼드대에 진학할 수 있게 되었죠."

'자신의 선택'에 관해 이렇게 자신 있게 말하는 태도를 보면 이분의 부모가 얼마나 아이를 잘 키웠는지를 미루어 짐작할 수 있을 것만 같다. 아이에게 자율권을 줌으로써 스스로 결정을 내리고 그 과정에서 자신의 책임을 의식하게 하는 방법은 사회 구성원으로서 활동할 준비를 시작하는 사춘기 아이들에게 매우 바람직하다.

사실 '자신의 길'을 찾아냈다는 그의 말은 이미 중년이 되어버린 나에게도 부럽기만 하다. 나는 과연 나의 길을 찾은 걸까? 그 길을 가고 있는 걸까? 나를 아는 주변 사람들은 말한다. "김범준, 당신은 자신의 길을 잘 찾아나가고 있는 것 같다"고. 하지만 여전히, 솔직히 잘 모르겠다. 나를 믿어주는 부모님이 있었음에도 나는 왜 그 길을 쉽게 찾지 못했던 걸까? 나의 문제일까? 아니면 좀 더 믿어주지 못한 부모님을 탓해야 하나?

어쨌거나 아이를 믿는 것은 정말로 중요하다. 이이 스스로 결정하고 책임질 수 있도록 힘껏 믿어줘야 한다. 물론 아빠라는 사람이 자기는 집이나 사회에서 엉망으로 생활하면서 아이에게 '너만의 길을 가라!'고 말만 한다면 안 될 일이다. 먼저 부모로서 세상을 살아가는 단단한 모습을 아이에게 보여야 한다. 부모가 자신의 모습을 점검하고 아이의 마음을 신뢰하는 것, 사춘기 아이의 올바른 성장에 그 무엇보다 중요하다.

문제는 문제가 아니다

• • •

어른에게는 사춘기 아이에 대한 편견이 있다. 생각해보라. TV와 신문 등에서 사춘기 아이를 어떻게 묘사하고 있는지. 폭력적이고 게으르며 반항적이고 게임에 빠져 있으며 버릇없기까지 한, 전반적으로 사회에 위협적인 대상으로 그려진다. 충동, 부족한 자기통제력, 미숙한 사고 등등을 사춘기 아이의 특징으로 다루면서 '큰일 났다'고 호들갑을 떤다.

스스로에게 질문을 던지며 자기 정체성을 만들어가는 사춘기 아이 입장에서는 억울할 수밖에 없다. 좌충우돌하면서 시야를 넓히고 자기를 단단하게 단련시키는 것일 뿐, 위험하다고 지탄을 받거나 지레 우려할 필요는 없다는 말이다.

특히 아빠들은 더 쉽게 편견에 빠진다. 대개 아빠들은 아이의 문제를 찾아내는 데 익숙하다. 아빠 자신이 늘 누군가로부터 문제를 지적당하며 살기 때문에 그럴지도 모르겠다. 하지만 아이가 미리 그걸 경험하게 할 필요는 없지 않은가. 어떤 문제가 있을 때 성급하게 윽박지르지 말았으면 좋겠다. 사실 문제는 문제가 아닌 경우가 더 많다. 오히려 그런 문제 상황에서 문제라고 말하는 게 더 문제일 때가 훨씬 많다. 문제를 찾아서 타박하기 전에, 아니 설령 문제가 있더라도 그 속에서 칭찬할 거리를 찾아 악착같이 칭찬해줘야 한다. 그게 부모의 역할이다. 예를 들어보자.

아빠 : 시험 성적 때문에 엄마한테 혼났구나?

아이 : 네, 시간이 부족해서 두 문제를 못 풀었더니…….

이때, 뭐라고 말할 것인가. "시간이 부족할 줄 몰랐어? 미리 시간 계산을 잘했어야지! 시험 한두 번 본 것도 아닌데 왜 그 모양이니? 정신이 있는 거야, 없는 거야!"라고 윽박지를 텐가? 아니면 칭찬을 해줘야 한다고들 하니 "그 정도 점수면 아주 잘한 거야!"라고 마음에도 없는 말을 할 것인가?

사춘기쯤 됐다면 이제 아이도 인식하고 있는 잘못을 질책하거나 막연하게 칭찬하는 식의 대화는 아무런 의미가 없다. 아니, 오히려 역효과만 난다. 아이의 특정한 생각이나 구체적인 행동에 의미와 가치를 두고 위로하고 칭찬해야 한다.

아빠: 시간이 부족했구나. 그걸 알 정도면 앞으로 충분히 더 잘 할 수 있겠어. 아빠는 이제 걱정 안 해도 되겠다. 이렇게 발전하는 모습을 보니 앞으로 더 기대가 된다.

사춘기에 접어든 바로 이 시기에는 격려와 칭찬을 아끼지 말자. 다만 이왕 하는 칭찬이라면 '잘'하자. 있지도 않은 아이의 능력을 거짓으로 칭찬하거나 추상적인 말로 칭찬하다 보면 아이에게 괜한 부담과 불안만 줄 수 있으니 아이의 특정한 생각이나 구체적인 행동에 의미를 부여하고 적극적으로 칭찬할 수 있어야 한다. 그 칭찬에는 아이의 행동과 생각 덕분에 부모인 내 마음이 얼마나 편해졌는지, 기쁜지, 고마운지가 꼭 들어가야 한다. 이를 통해 아이는 자존감과 함께 세상을 능동적으로 보는 태도를 키워갈 것이다.

win-win

너는 내 편이고
나는 네 편이다

몸은 어른, 마음은 아기

...

　우리 집 첫째는 어느 순간 몸이 뻥튀기를 한 것처럼 커지기 시작했다. 6학년이 되고, 사춘기로 들어서자 더욱 그랬다. 이 아이를 내가 안고 업고 다녔다니 믿기지 않는다.

　언젠가 내 라운드티를 입고 있어서 "너 그거 왜 입고 있냐?"고 했더니 "어? 나한테 맞아서 내 것인 줄 알았어요"라며 능청을 떤다. 엊그제 사준 것 같은데 신발이 작아서 발가락이 아프다고 투덜대더니 최근에 산 내 신발을 신고 이리저리 탐을 낸다. 결국 그 신발은 첫째의 것이 되어버렸다. 아이의 성장 속도, 정말 예측이 불가능할 정도로 엄청나다.

그래도 여전히 아기다. 나에게는 말이다. 이렇게 생각하면 안 되는데 어쩔 수가 없다. 귀엽고 여리고 늘 걱정할 수밖에 없는 아기다. 혼자 건널목을 건너는 것도 티는 안 내지만 여전히 걱정된다. 혼자 버스를 타는 것도 걱정된다. 집에 혼자 두는 것도 그렇다. 라면을 끓여 먹다가 손이라도 데지 않을까도 걱정이다. 과자라도 한 봉지 사들고 퇴근길 현관문을 열 때면 천진난만한 웃음이 얼굴 가득 퍼진다. 그걸 보고 있으면 '아이고 우리 아기!'라는 생각이 절로 든다. 몸만 컸지 아빠 눈으로 보면 여전히 귀엽고 예쁜 아기일 뿐이다. 벌써 열세 살인데.

아직은 실수가 많은 나이

• • •

아빠인 나는 그런 첫째와 어떻게 대화를 나누고 있을까? 마음 다치지 않게 조심해서 행동하고 말하고 있을까? 혼내고 윽박지르기보다 아이의 자존감을 키워주면서 함께 성장하고 발전하는 친구처럼 대해주고 있을까? 그러기는커녕 아빠 말이 맞다고, 논리에 적합하다고, 이제 갓 사춘기에 접어든 아이에게 '냉정한 어른의 말'로 상처를 주고 있지는 않은가? 첫째뿐만이 아니다. 자기 형

만큼 몸이 커진 둘째에게는 또 어떻게 말하고 있는가 돌아본다.

언젠가의 일이다. 열두 살인 둘째에게 '마실 물을 가져다달라'고 했다. TV를 보다가 명령조로 말했다. 함께 TV를 보던 둘째는 불평 하나 없이 냉장고에서 시원한 물을 꺼내 컵에 따르고 거기에 컵받침까지 해서는 조심조심 들고 왔다. 마침 TV에서 재미있는 장면이 나왔고 그 장면에 눈을 돌리던 둘째가 그만 컵을 떨어뜨렸다. 컵은 깨졌고 물은 저 멀리까지 사방팔방 튀었다.

"정신을 어디에 두고 있는 거야!"

아빠라는 사람이 소리를 빽 질렀다. 아이가 어쩔 줄 몰라 하는 그 상황에서 말이다. 아빠가 해야 할 일을 아이에게 시켰고 아이는 그저 심부름을 잘하려고 노력하다가 실수했다. 그런데 돌아온 건 깨진 컵과 바닥에 흥건한 물, 그리고 아빠의 질책 가득한 고함 소리였으니 얼마나 당황스러웠을까? 당황을 넘어서서 억울했을 법한 상황이다. 그런데도 아이는 서둘러 손걸레를 갖고 와서는 닦더니 자기 방으로 조용히 들어갔다. '아차' 하는 생각이 들어 쫓아가보니 아이가 책상에 엎드려 울고 있었다. 나는 정말 나쁜 아빠다. 아니, 나쁜 놈이다.

사춘기에 접어들 준비를 하는 아이에게 나는 해서는 안 될 짓을 했다. 말로 상처를 주었다. 아빠를 위해 잘 해보겠다고 노력한 과정을 칭찬해야 했다. 그 과정에서 생긴 실수에 대해서는 아빠인 내가 사과해야 맞다. 그런데 어떻게 소리치고 질책할 생각을 했는지, 지금 생각하면 얼굴이 다 화끈거린다. 도대체 아이의 자존감이 얼마나 상처입었을지 생각조차 하지 못한 내가 너무 부끄럽다.

사실 아이가 이렇게 난처한 입장에 처했을 때가 아이와 친밀한 관계를 맺을 수 있는 절호의 기회다. 놀랐을 때, 당황할 때, 괴로울 때, 힘들 때, 무서울 때 아이는 아빠를 가장 필요로 한다. 이럴 때는 먼저 다가서서 말을 걸어보자.

"아빠가 실수했어. 네 잘못이 아닌데 말이야. 아빠랑 잠깐 얘기하지 않을래?

다친 아이의 마음을 염두에 두고 조심스럽게 접근한 후, 대화가 진행되면 적극적으로 아이의 감정을 지지해줘야 한다. 괜찮다고, 별일 아니라고, 앞으로는 이런 실수를 안 하도록 예방해주는 좋은 경험을 했다고 다독여줘야 한다. 아이가 슬픔에, 당혹스러움에, 고통에 정면으로 부딪혀서 그 감정을 표현할 수 있게 도와주면 아이는 아빠가 자신의 감정에 공감해준다고 여기고 신뢰하며 자기편이라고 생각한다.

부모에게는 아이의 아픔과 고통을 함께 느끼고 슬퍼하는 능력이 필요하다. 물론 아이의 아픔을 대신 겪어줄 수는 없다. 하지만 아이 곁을 지키며 함께 슬퍼해줄 수는 있다. 아이에서 어른으로 탈바꿈하는 사춘기에 맛보는 슬픔과 고통은 먼 훗날 스스로를 힘 세고 강하고 현명한 사람으로 성장케 하는 '고마운 어려움'이다. 다만 그러기 위해서는 부모의 따뜻한 말 한마디가 필요하다.

아이가 아무 소리 못하고 심부름을 하고, 그 과정에서 ―잘하려고 했음에도 어쩔 수 없이― 일어난 일에 무방비로 질책을 받고서도 아무 소리도 못한 이유는 자신이 아빠보다 약자라는 것을 느끼고 있었기 때문이리라. 약자로서 생존을 위해 자신의 감정을 억누르고 감추고 숨기는 데 아이들이 익숙해지는 것을 부모는 늘 경계해야 한다. 이런 억눌린 감정은 어느 순간 폭발한다. 여전히 힘이 없다면 더 약한 사람을 찾아서 감정을 터뜨릴 것이고, 힘이 있는 위치에 오른다면 자신이 마음대로 할 수 있는 사람을 찾아 나쁜 행동과 말을 할 것이다. 그마저도 못하면 언젠가는 마음의 병으로라도 나타날 것이다.

하나 더, 아이의 실수를 위로와 격려로 대하는 것 이상으로 중요한 것이 있다. 부모가 스스로의 실수를 인정하고 진심을 다해 미안함을 표현하는 모습을 보여야 한다. 자신의 실수를 인정하는 부모야말로 아이에게 진정한 자존심이 무엇인지를 가르치는 산 교육의 증인이다. 잘못하고도 인정하지 않고 고집을 부리는 것은 자존심을 세우는 방법이 아니라, 스스로를 초라하게 만드는 길임을 가르칠 수 있어야 한다. 진정한 자존심의 본보기가 되는 부모, 말과 행동이 일치하는 부모라면 이렇게 말해야 한다.

"TV를 보면서 너에게 물을 가져다달라고 한 건 부끄러운 일이었어. 아빠가 일어나서 충분히 갖고 올 수 있는 상황이었는데도 말이야. 내가 가져다가 마셨어야 했는데 왜 그랬나 모르겠다. TV에 빠져서 잠깐 생각을 잘못했어. 아빠가 미안해."

안아줄 것!

· · ·

아이는 이제 사춘기라는 새로운 단계로 접어들었다. 당당한 성인으로 자라나기 위해 준비하는 힘든 시기를 맞이한 셈이다. 자기 자신을 돌아보고 자신의 부족함에 부끄러워하며 좀 더 나은 스스로가 되기 위해 노력하는 시기다. 이럴 때 엄마, 아빠는 아이의 마음을 진심으로 들을 수 있어야 한다. 아이의 말과 행동이 마음에 들었다면 사춘기 아이에게 적합한 말, 예를 들어 격려, 공감, 칭찬, 위로가 담긴 말을 건네야 한다. 아이가 자기 정체성을 찾기 위해 노력하는 모습을 칭찬해야 하고 가치관을 형성하기 위한 아이의 고민을 격려해야 한다.

"놀랐지? 아빠가 미안하네. 심부름 잘하려고 했는데 이렇게 컵이 깨져서. 그런데 스스로 치우려고 하는 모습까지 보이다니 정말 훌륭하다. 우리 아들 오늘 더욱 멋져 보이네?"

아이가 '이 아빠가 갑자기 왜 이러지?' 하는 표정을 지을 정도로 말하라. 쑥스럽더라도 표현해야 한다. 과하다 싶을 정도로 아이에 대한 사랑과 믿음을 표현하자. 아이가 자기 잘못이라고 생각하는 상황에서도 사실 그 원인은 아빠에게 있었다고 솔직히 인정하고 사과하면, 아이는 아빠를 영원한 대화 파트너로 인식할 것이다.

물론 이런 말이 진심에서 우러나야 함은 당연하다. 말투에서도 부드럽고 따듯한 온기가 느껴져야 한다. 어렵다고? 따뜻한 말을 어떻게 해야 할지 모르겠다면 배워서라도 해야 한다. 지금 이 시기는 다시 오지 않을, 그리고 미래의 모습을 완전히 바꿔놓을 소중한 한때이기 때문이다.

아이는 하루가 다르게 쑥쑥 큰다. 얼마 남지 않았다. 아이가 어른이 되고 나서야 따뜻한 말을 건넬 것인가? 아이를 향한 아름다운 말은 저축되지 않는다. 아끼지 마라. 지금 당장 적극적인 인정과 지지, 사랑의 말을 할 수 있어야 한다. 아이의 자기표현을 기쁜 마음으로 격려해야 한다. 그것이 사춘기 아이를 키우는 부모의 도리다.

하나 더! 이왕이면 안아줘라. 말만 하고 스킨십이 없으면 그것 또한 아이를 대하는 좋은 태도가 아니다. 만약 '사춘기 초입'이라면 —아니 '사춘기 절정(!)'이어도 관계없다— 아이가 힘들고 어려운 일에 처했을 때 따뜻한 말과 함께 무조건 안아줘라.

당신은 아이를 언제 마지막으로 안아봤는가? 기억이 안 난다면 반성할 일이다. '스킨십 대화'는 백 마디 말보다 ─그 백 마디도 대부분 쓰레기와 같은, 버려야 할 말 아니었을까?─ 훨씬 더 엄마, 아빠와 아이의 관계 개선에 도움을 준다. 스킨십 대화는 부모가 아이 편이고, 아이는 부모 편임을 느끼게 해주는 좋은 방법이다.

.

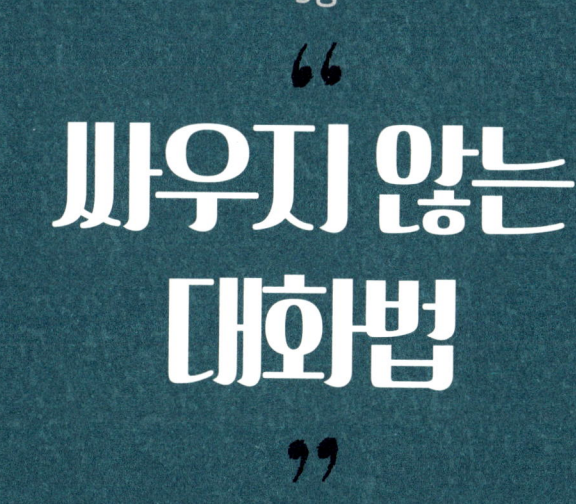

3장

"싸우지 않는 대화법"

> 관심

잔소리와 참견을
격려와 기다림으로

급해져야 비로소 아빠가 나선다
• • •

　이화여대에서 사회생물학을 가르치는 최재천 교수는 아빠의 양육을 곤충에 비유하여 설명했다. 거의 모든 동물이 자녀 돌보기를 암컷에게 맡긴다고 한다. 포유동물의 수컷은 대부분 짝짓기를 마치기 무섭게 표표히 자리를 뜨며, 곤충이나 거미 등의 절지동물 역시 기본적으로 자식을 돌보지 않는다. 즉, 자녀 양육은 오로지 암컷의 몫이다. 이런 상황에서 특이하게도 자식을 돌보는 아빠 거미의 행동이 연구되었다고 한다. 2016년 12월 20일자 〈조선일보〉를 보자.

국제학술지 〈동물 행동(Animal Behavior)〉 최신호에는 이런 난국에도 자식을 돌보는 아빠 거미의 행동이 최초로 보고되었다. 중남미 열대에 서식하는 이 왕거미의 수컷은 짝짓기를 마친 후 암컷의 거미줄 위에 천막 같은 거미줄을 치고 머물며 알집 주위의 거미줄을 수리하기도 하고 알집 위에 떨어진 빗방울을 털어내기도 한다. 야외에서 조사한 거미줄 중 3분의 2 이상에서 아빠 거미 혼자 알집과 새끼들을 돌보고 있었다. 연구자들은 긴 다리를 빼곤 먹을 게 별로 없는 수컷에 비해 상대적으로 흐벅진 몸매를 지닌 암컷들이 너무 자주 포식동물에 잡아먹히는 바람에 아빠들이 어쩔 수 없이 자식 양육을 떠맡은 것으로 추정한다. 인간 사회도 그렇지만 급해져야 아빠들이 나선다.

당신이 아빠라면 이 책을 보는 이유가 급해서가 아닐까? 사춘기 아이와 대화의 경로를 만들어야만 하는 긴급한 상황이 생겼기 때문일 테다. 아니면 덜컥 겁이 나서 미리 준비를 하고 싶어졌든지. 솔직히 나 역시 마찬가지다. 아이가 사춘기의 진입 문턱에서 방황하는 게 느껴지니 도저히 가만히 있을 수가 없었다. 아이들과 대화하고, 함께하려고 노력하고, 따로 공부를 해서 이렇게 책을 쓰고 있다. 그러고 보면 우리 수컷들, 게으르긴 참 게으르다. 발등에 불이 떨어질 때까지 '나 몰라라' 했으니 말이다.

상처 입히는 말을 하고 난 후의 후련함?
. . .

그런데 어렵다. 아이와 평소에 특별하거나 다정한 관계를 맺지 않았으니 대체 무슨 말을 해야 할지도 모르겠고, 용기를 내어 말 몇 마디 하다 보면 말싸움으로 번지기 일쑤다.

요즘 아이들은 부모라는 존재 자체에 부정적인 것만 같다. 우리 아버지 세대는 그 존재 자체만으로도 무게감이 있었는데 —무슨 생각을 하는지 알 수 없는 사람이기는 했지만— 지금 우리 아빠들은 가족으로부터 관심을 불러일으키기조차 힘든 사람이 되어버렸다. 그러니 사춘기 아이와 어설프게 대화를 시도하다가 아예 상대조차 안 해주는 자녀의 모습을 맞닥뜨릴까 두렵기도 할 거다.

우물쭈물하는 사이 아이는 훌쩍 큰다. 나만 해도 그렇다. 가정일에 섣불리 참여하지도 못한 채 바라만 보다가 어느새 훌쩍 큰 아이를 보고는 놀랄 때가 한두 번이 아니다. 사춘기에 접어든 첫째를 보면서 요즘 이런 생각을 자주 한다.

'얘가 언제 이렇게 큰 거지?'

부모인 나는 늘 그대로인 것 같은데, 아이는 모르는 새 훌쩍 어른이 되어버린 것만 같다. 오다가다 대화를 해보니 아빠인 나보다 더 논리적이고, 아는 것도 많으며, 옳고 그름에 관한 판단도 낫다. 그 성숙함이 내심 기쁘긴 하다. 하지만 가끔 내 의견과 반대되는 이야기를 하면 나도 모르게 안 좋은 소리가 불쑥 나온다.

"네가 뭘 안다고!"
"초등학교 6학년이 알아봤자 얼마나 알겠니?"

이러니 대화가 쉽게 이루어질 리 만무하다. 아이들한테 따돌림이나 당하지 않으면 고맙다고 생각해야 할 형편이다. 현대 가족 내에서 가장의 지위는 위태롭다. 이런 상황에서 아빠들은 굳이 가족의 존경을 받으려고 애쓰지 말아야 한다. 그보다는 자신이 먼저 나서서 아이를 비롯한 가족과 적극적으로 대화하겠다는 마음가짐을 가져야 한다. 아이의 잘못을 찾아내기보다 아빠 자신의 문제를 인정하고 개선하려는 노력이 대화의 출발점이 되어야 한다.

언젠가 아이들과 식당을 갔다. 속이 답답해서였을까, 사이다를 한 병 시켜서 먹는데 아이들이 자기들도 달라고 컵을 내밀었다. 또 한소리 하고 말았다. "사이다는 몸에 나빠!" 그러자 아이들이 말했다. "아빠는 마시잖아요." 그때 나는 "어른이랑 아이랑 같니? 너희 몸에 좋으면 내가 왜 안 사주겠어!"라고 빽 소리를 질렀다. 어이없다는 아이들의 표정이 기억에 생생하다.

  잘못을 인정하는 능력이 부족한 나, 사춘기 아이와의 철없는 싸움이 끊이지 않는 이유가 달리 있는 게 아니다. 내가 아이와 대화를 잘 이끌어가는 아빠였다면 이렇게 말해야 했다.

"맞다. 아빠가 잘못했네. 너희 몸에 좋지 않으면 아빠의 몸에도 안 좋은 건데 말이야. 그런데 아빠가 오히려 야단쳤으니 서운했겠다. 화내서 미안해. 아빠가 앞으로 조심할게."

  솔직히 이렇게 말하기가 참 어렵기는 하다. 그래서 이렇게 말할 바에는 차라리 아이와 싸워서 이기는 편을 택한다. 그러곤 아빠 자신의 기준에서 공격적으로 말해놓고 후련함을 느낀다. 대화 단절에 원인을 제공해놓고도 잘못한 줄을 모른다. 왜 우리 아빠들은 이런 상황에서도 마음이 편안한 걸까?

  일종의 '전능감' 때문인 것 같다. 사회에서 지쳐서 집에 돌아와 ─스트레스를 꽉 채운 상태로 귀가해서─ 힘없는 아이에게 돈벌이 현장에서는 절대 상대방에게 할 수 없는 무례한 말을 하고 이에 아무런 대응도 못하는 아이를 보면서 스트레스를 해소하는 것이다. 너무 극단적인 생각일 수 있지만 스스로 이런 비겁한 부모는 아닌지 생각해볼 필요가 있다.

과도한 기대가 대화를 병들게 한다

• • •

물론 그 모습이 모든 부모의 진심은 아닐 것이다. 아빠가 아이를 단지 스트레스 해소 수단으로 생각할 리 있겠는가. 아이와 대화하며 싸우는 가장 큰 이유는 과도한 기대 때문이라고 생각한다. 아빠는 엄마와 육아 마인드부터가 다르다. 아빠는 자기 아이에 대해 소위 '근자감', 즉 근거 없는 자신감이 상당히 크다. 솔직히 나부터도 그렇다. 아이가 수학문제 하나만 잘 풀어도, 야구공 하나만 잘 던져도, 바이올린으로 '학교 종이 땡땡땡'만 연주해도, 마치 수학 천재인 양, 야구 신동인 양, 바이올린 수재인 양 생각한다. 어릴 때나 그랬지 지금은 안 그렇다고 말할 자신도 없다. '내 아이 천재 증후군'은 일종의 불치병이다. 뭐, 다른 부모들도 마찬가지 아닐까.

엄마들은 아이의 무능력, 어리석음, 미숙함을 꿰차고 있다. "네가 그럴 줄 알았다", "그게 딱 네 실력이지 어디 가니?" 등 '질타의 대화'에 익숙하다. 아빠는 조금 다르다. 아빠는 아이의 실패를 그대로 받아들이지 않고 여전히 아이 안에 무한정한 능력이 있다고 믿는다. '무작정 신뢰'의 대화에 익숙하다. 그뿐이랴, 아이가 뭘 정말 못한다는 것을 깨달으면 다른 데서라도 아이의 우월함을 찾으려고 노력한다. 많은 영화와 소설 등에서 엄마가 아이의 능력을 두고 아무리 질책해도 아빠는 '끝까지 믿어주는' 캐릭

터로 등장하는 이유가 바로 여기에 있다.

하지만 이런 기대가 한 번, 두 번 무너져서 계속 쌓이면 아빠의 마음도 불편해진다. 그러다 결국 폭발한다. 일단 폭발하면 엄마의 질타는 저리 가라 할 정도로 아이를 몰아세운다. 아이와의 대화는 싸움의 현장으로 변하고 결국 아빠의 권위를 이용해 아이를 궁지에 몰아넣고 할 말 못 할 말 다 하면서 아이의 자존감에 상처를 입힌다.

아빠가 한번 화나면 무서운 이유는 '참고, 참고, 참다'가 화내서가 아니라 아이를 '믿고, 믿고, 믿다'가 화내는 것이기 때문이다. 그래서 그 정도가 더 강하고 거칠다. 그 과정에서 폭력이라도 가해진다면 최악이고.

세상의 나쁜 말, 예를 들어 비속어나 욕으로 아이를 가르치거나 행동 개선을 이끌 수 있다고 믿는가? 불가능하다. 오히려 분노, 설움 등 부정적인 감정만 유발할 뿐이다. 그러니 사춘기 아이와 말로 싸워서 이기려고 들지 말고 인정받고 싶어하는 욕구, 자신을 드러내고 싶어하는 욕구를 아이가 적절히 표현할 수 있도록 지지해주겠다는 선택을 하면 어떨까. 믿고, 믿고, 믿었다면 한 번 더 믿지 못할 이유가 어디 있는가. 다만, 아이의 능력을 믿어주는 게 아니라 아이에게 '잘하고자 하는 마음, 더 나은 사람이 되고자 하는 욕구'가 있음을 굳건히 믿어주어야 한다.

> 성장하는 아이

아이의 정체감

철없는 어른이 되지 않으려면

· · ·

'정체감'이라는 말이 있다. '자아 정체감'이라고도 한다. '나는 누구인가'에 대한 총체적인 느낌 및 인지를 뜻하는 심리학 용어다. 이 단어는 청소년기, 즉 사춘기의 아이들을 대상으로 하지만 정체감이 청소년기에 갑작스럽게 형성되는 것은 아니다. 아이는 유아기와 아동기를 통과하며 '자기(self)'에 대한 개념을 발달시키며, 청소년기에 이르러 다양한 사회적 갈등이나 정신과 육체의 성숙 사이에 존재하는 괴리를 해결하려는 노력 끝에 정체감을 확립한다. 정체감은 청소년기 이후 평생 동안 끊임없이 개인에게 영향을 준다.

정체감이라는 단어를 처음 제시한 에릭슨(Erik Homburger Erikson)은 청소년기를 아동도 아니고 성인도 아닌 중간 단계로, 상충적인 요구와 모호한 기대가 늘어나는 시기라고 말한다. 예를 들어 사춘기 아이에게는 똑같은 행동을 해도 어떨 때는 "나이도 어린 것이……"라는 반응이, 또 어떨 때는 "다 큰 녀석이……"라는 반응이 돌아온다. 이러니 혼란스러울 수밖에 없다. 이러한 사회문화적 변화로 인해 청소년은 스스로 '나는 누구인가'라는 질문을 던지고 다양한 맥락을 통해 자신을 실험하게 된다.

사춘기 아이는 성인으로 가는 길목에서 끊임없이 고민하고 방황한다. 그 과정을 건너뛸 수는 없다. 그러면 더욱 위험하다. '철없는 어른'이 될 우려가 있기 때문이다. 지인 중에 청소년기에 그 흔한 반항 한번 하지 않고 부모 말을 잘 듣고 모범적으로 자란 사람이 있다. 세상 부모들이 죄다 부러워하는 외고와 명문대 경영학과를 졸업했고, 살인적인 취업난을 비웃기라도 하듯 번듯한 은행에 단번에 취업했다.

그런데 몇 년 후 갑자기 직장을 그만뒀다. 원하는 직업을 찾겠다고. 그러고는 대학가에 있는 작은 카페에서 일하기 시작했다. 그는 회사원이 아니라 자유로운 삶을 원한다고 말했다. 외고, 명문대, 그리고 남들이 부러워하는 은행 취업은 부모님이 원했기에

해준 것뿐이었다고.

사춘기가 '밀려서' 온 대표적 사례다. 사춘기에 겪었어야 할 질풍노도가 뒤늦게 찾아온 경우다. 부모의 기대에 맞춰야 한다는 생각으로 자신을 억누르다 보니, 심리적 독립을 이룰 만한 '성장통'을 제때 겪지 못한 탓이다. 사춘기 성장통을 나중에야 겪다 보니, 자신에게나 부모에게나 황금 같은 20대를 헤매며 보내게 된 셈이다.

그렇기에 사춘기 아이에게는 정체감 형성이 중요한 과제로 부여되어야 한다. 그러려면 설령 부모의 바람이라 할지라도 아이가 자기 생각과 다르면 두렵더라도 부모의 권위에 당당히 맞설 수 있게 해줘야 한다. 부모는 그걸 반항이 아니라 성장의 표시로 봐야 한다. 독립적인 성인이 되어가는 단계를 착실히 밟고 있는 아이의 모습을 대견해하면서.

욱해서 범죄자가 된 아이들
• • •

사이코패스는 어디에 있을까? 우리 주위에 있는 것은 아닐까? 아니, 내가 속한 가정에 있지는 않을까? '묻지 마 살인 사건' 등을 보면서 우리는 현실에 등장하는 악의 모습에 진저리를 친다. 전국 각지 교도소에서 범죄자를 면담하며 그들이 악마가 된 이유를 연구한 한 교수는 범죄자와 일반인을 가르는 기준으로 '순간적인 자제력'을 지목했다. 그렇다면 이 자제력을 상실하고 결국 범죄자에 이르는 원인은 어디에 있을까? 바로 자존감 부족이다.

자존감은 '내'가 충분히 사랑받을 만한 소중한 존재이며 어떤 일을 해낼 수 있는 유능한 사람이라는 믿음이다. 자존감 살리기는 한 개인에게만 달린 임무가 아니다. 국가, 사회, 가정이 협업해야 한다. 스스로 사랑받지 못하고 있다고 생각하는 사춘기 아이는 사회에 나와서 방황하다가 별것 아닌 일에 순간적으로 자제력을 잃고 범죄를 저지르고 만다.

혼란스러운 자기 인식, 사랑받지 못한다는 분노가 정체감의 미성숙과 자존감 하락으로 이어질 때 우리 아이들은 어쩌면 '괴물'이 될지도 모른다. 사춘기에 접어든 내 아이는 정체감을 잘 형성하고 있는가? 자존감을 잃지 않고 당당히 살아가고 있는가?

아이를 온전하게 지지해주는 대화법
...

올바른 정체감과 자존감 형성은 사춘기 아이에게 절대적인 과제다. 이 두 가지에 영향을 주는 요인에는 무엇이 있을까? 우선 또래와의 대화가 가장 중요하다. 사춘기 아이는 또래의 평가에 큰 영향을 받는다. 친구들이 자신에 대해 하는 말을 들으며 정체감을 형성한다.

"너는 참 착한 아이야."

"너는 웃는 게 예뻐."

"너는 참 친절해."

친구의 대수롭지 않은 말을 들으며 아이는 자신이 예쁘고 심성 좋은 사람이라는 것을 인식한다. 아이의 내면에 있는 좋은 에너지를 자극하는 말을 자주 들으면 긍정적인 정체감이 형성된다. 또한 친구들과의 원만한 관계가 높은 자존감으로 연결되기도 한다.

반면 친구와의 관계가 좋지 않으면 정반대의 결과로 이어진다. 부정적인 정체감, 낮은 자존감으로 인해 자기비하에 빠지기 쉽다. 나아가 자신의 약한 모습을 감추기 위해 다른 사람 위에 군림하고자 한다. 최악의 경우엔 세상에 널린 나쁜 것들, 사춘기 아이에게 유해한 수많은 것들의 유혹에 더 빨리, 더 쉽게 빠져들게 된다.

이럴 때는 아빠가 제 역할을 해줘야 한다. 엄마가 아이와 늘 함께하기 때문에 오히려 놓치는 부분을 아빠가 보완해야 한다. 아이의 긍정적 정체감 형성에 도움이 되는 말을 해줘야 한다. 어떻게 해야 할까? 두 가지를 고민해보면 좋겠다.

첫 번째 과제는 경청이다. 경청, 너무 많이 들어서 이제는 반감이 생길 지경이지만 아무리 강조해도 지나치지 않은 태도다. 올바른 대화를 하기 위해 가져야 할 태도로 늘 첫 번째로 꼽히는 것을 보면 그만큼 경청이 어렵다는 반증이 아닌가 싶다.

가령, 한 집에서 사는 아이가 아빠와 말이 통하지 않는다며 입을 닫았다. 당신이라면 어떻게 불통의 난관을 극복할 것인가? 우선 서로가 상대방의 말을 들어줄 준비가 됐는지부터 확인해야 한다. 듣지 않고서는 말할 수 없으며, 듣지 않으면 이해할 수 없기 때문이다.

아이의 생각이 아빠의 견해와 맞지 않는 건 당연하다. 경험이 다르기 때문이다. 그러니 아빠들은 진정으로 집중해서 아이 말을 듣고 있는지 철저하게 확인해야 한다. 하고 싶은 말을 먼저 꺼내기 전에 아이 말을 끝까지 들어주는 힘이 필요하다. 끝까지 듣는 것, 이것이 아빠에게 진정으로 필요한 대화 전략이다. 듣고 난 후에는 아이가 '용기 내어 한 말'을 적극적으로 지지해줘야 한다.

"네가 그렇게 생각하고 있었구나. 아빠는 잘 몰랐네."
"그런 생각을 하다니 멋지다."

두 번째 과제는 단답형 대화에서 벗어나는 것이다. 과거보다 조금이라도 더 길게 사춘기 아이와의 대화를 이끄는 여유와 노력이 필요하다. 아이의 말을 끝까지 들었다면 이제 다음과 같이 말해보면 어떨까?

"네 생각을 충분히 말한 것 같니? 이제 아빠의 생각을 말해도 될까?"

그리고 대화를 시작하라. 이때 유의해야 할 것이 있다. 사춘기 아이는 본능적으로 아빠에게 인정받고 싶다는 욕망을 지니고 있기 때문에 윽박지르거나 명령형으로 말하기보다 아이의 마음을 인정하는 방향으로 아빠의 생각을 전달해야 한다. 다음 사례를 참고하기 바란다.

"지금까지 안 들어와서 너무 놀랐어. 별일 없는 거지? 고생했다."
"마음이 안 좋아 보이는구나. 아빠가 도와줄 건 없을까? 뭐든 필요한 게 있으면 말해주렴."
"이 정도면 충분히 잘한 거야. 아빠에겐 너의 지금 모습이 '엄지척'이야. 멋있어!"

반항이 중요한 이유

자녀의 반항에 기뻐하는 부모

있는 듯 없는 듯, 우리 집 둘째 이야기

•••

조용하지만 생각이 깊은, 수줍음 많지만 용기도 있는 아이, 우리 집 둘째다. 열두 살이 됐다. 남자임에도 여전히 '곰돌이 푸' 인형을 애지중지하는 감수성이 풍부한 아이다. 평소에는 늘 있는 듯 없는 듯 조용하다. 자기 의견을 특별히 내세우지도 않는다. 아빠의 잘못된 행동—주로 아이 엄마를 향한 행동—을 보면 한마디 하고 마는 게 전부다. "에이, 아빠. 엄마를 사랑해야죠!"

세 아이의 중간으로 산다는 것, 첫째는 아들이고 셋째는 딸인

집의 둘째 아들로 산다는 것, 그 생활이 어떤지 나는 잘 모른다. 나는 사남매 중의 셋째였다. 장남이었다. 누나 둘과는 다른 특별한 대접을 받고 자랐다. 그러니 부모님에게 누나들이나 동생에 비해 뭔가 아쉬운 대접을 받은 기억이 없다. 그런 나에게 둘째는 조금 안쓰러운 아이다. 그래서 좀 더 잘해주려고 한다. 장남도 아니고, 막내도 아닌 애매모호한 둘째의 자리를 늘 건강하게 채워주고 있는 아이에게 고마울 뿐이다.

얌전했던 아들이 화났다
● ● ●

어느 날이었다. 일요일 저녁, 여유 시간을 이용해 서점에 책을 한 권 사러 갔다. 서점의 분위기는 나를 늘 흥분시킨다. 세상의 모든 것이 나와 대화하자고 아우성인 것 같다. 과학, 미술, 경제, 사회…… 모든 책이 나에게 말을 건다. 오늘은 어느 분야의 책을 선택해서 일주일간 대화를 나눠볼까, 즐거운 기분으로 책을 고르려던 차였다. 집에서 전화가 왔다. 과자 사오라는 얘긴가, 전화를 받아보니 둘째다.

"아빠, 이제 나 아무것도 안 할래요. 나만 한다고 형이랑 엄마가……."

자초지종을 들어보니 내가 나름대로 둘째를 위해 기획한 이벤트(?)가 문제였다. 둘째는 야구를 좋아한다. 평소에 둘째에게 마음만큼 잘 못해준 것 같았기에 마침 겨울방학이어서 둘째만 데리고 야구교실을 다닌 게 문제가 됐다. 그걸 두고 엄마와 형이 한마디씩 해서 아이 마음을 아프게 한 것이다.

둘째를 위해 내가 나름대로 준비한 선물이었는데 엄마는 "야구 한다고 숙제에 소홀하다"고 꾸중을 하고, 형은 "야구교실에 다니면서 고작 그 정도 실력이냐"고 비아냥댔으니 마음이 상할 수밖에. 더 이상 특별대우(?)는 받지 않겠다고, 예전처럼 편하게(!) 지내겠다는 마음이 울먹임을 통해 내게 전해졌다. 얼마나 서운했으면 전화기에 대고 하소연을 할까 싶었다.

화가 치밀었다. 엄마를 바꾸라고 해서는 한마디 했다. 형도 혼냈다. 둘째의 마음은 조금도 생각지 않는 듯한 ―물론 나만의 협소한 생각이겠지만 당시에는 그렇게 느꼈다― 아내와 첫째의 태도에 심장이 벌렁거릴 정도로 짜증이 났다. 둘째는 조금은 다른 아이다. 화 한번 제대로 안 낸다. 싸우긴 하지만 늘 져주고, 다투긴 하지만 항상 양보를 택한다. 그런 아이를 위해 한두 달 아빠가 야구교실에 함께 다니는 걸 트집 잡는다고 하니 열이 확 올랐다.

너의 분노를 기뻐하련다

• • •

너무나 화가 나서 집으로 곧장 향하지 않고 편의점에 들러 맥주 한 캔을 사서는 단숨에 마시고 마음을 달랬다(이런 걸 보면 나도 일종의 '분노조절장애'가 있는 건 아닐까 하는 생각이 든다. 조심해야겠다). 그러다 문득 이런 생각이 들었다. 둘째의 분노는 내가 보살피고 귀하게 여겨야 할 '건강한 분노'가 아니었을까?

건강한 분노라니, 그것이 무슨 말일까? 2016년 11월 19일자 〈중앙일보〉에 나온 이야기다. 한 대학 교수는 분노 그 자체가 건강함의 척도가 될 수 있다고 말했다.

> 분노의 기능은 타인이 자신을 만만하게 보지 못하게 하는 것이다. 즉 분노는 상대방에게 경각심을 주어 우리 자신을 지키는 보호 수단이다. 지금의 분노는 국민의 주권을 지키기 위한 당연한 것이다. 우리 국민은 성숙하다. 타당한 원인에 대해 분노해야 할 때 분노하는 것은 건강한 일이다. 건강한 분노는 합당하다. 합당한 분노는 우리의 권리다. 불의와 부정에 대한 분노, 국민의 당연한 권리다. 우리의 분노는 건강하다.

엄마, 아빠들은 분노를, 화를 무조건 나쁘게만 본다. 기쁨과 즐거움, 사랑 등의 감정만 가치 있게 여길 뿐 분노와 불안 등은 있어서는 안 될 감정이고 겉으로 드러내서는 안 된다고 조심시킨다. 분노 역시 자연스럽고 건강한 감정이라는 것을 깨닫지 못한다.

아차, 싶었다. 대학원에서 '코칭(coaching)'을 공부하면서 긍정적 감정 이상으로 부정적 감정 표현이 중요하다고 배웠는데 정작 실제 생활에서 그런 감정을 맞닥뜨리니 짜증을 냈던 것이다. 스스로와 타인에게 해를 끼치지 않는 범위 내에서라면 분노, 슬픔 등의 감정 표현도 지극히 건강한 것임을 알면서도 무작정 화부터 났던 거다.

일단 나는 마음을 가라앉혔다. 그리고 아이의 분노를 수용하기로 했다. 엄마를 향한 둘째의 반항을 축하해주기로 했다. 집에 갔다. 아이는 늦은 시간임에도 혼자 책상에 앉아 숙제―야구교실 다니느라 소홀히 했다고 엄마에게 혼났다는 바로 그 숙제―를 하느라고 희미한 전등 아래서 열심이었다. 아이를 불렀다. 그리고 말했다.

"화가 많이 났니? 엄마한테 화냈다며? 잘했어. 힘들 때는 힘들다고 말할 수 있어야 해. 아빠한테 전화도 잘했어. 어려운 일이 있을 때는 혼자 삭이지 말고 꼭 아빠를 찾으렴. 아빠가 다른 건 몰라도 이런 문제에 있어서는 너를 응원해줄 거니까!"

아이의 표정이 좋아졌다. 아빠의 말 때문이었을까, 아니면 말하기 전에 아이가 좋아하는 과자 하나를 슬쩍 건넸기 때문일까. 그건 뭐, 아무래도 상관없다.

부모의 성장

제로섬이냐, 윈윈이냐?

아빠처럼 살기 싫어요

• • •

우리 엄마, 아빠들, 열심히 산다. "살고 싶은 대로 사는 사람이 어디 있어? 자신의 역할을 하면서 묵묵히 살아가는 게 인생이지!"라면서 충실한 부모 역할이 인생의 목적인 듯 이야기들 한다. 부모의 역할이 얼마나 많은가. 그 안에는 아이들 때문에 희생한다는 속뜻도 묵시적으로 포함되어 있다. 중학생, 혹은 고등학생 자녀를 둔 선배들과 이야기하다 보면 다음과 같은 말을 자주 듣는다.

"아이가 고3 되는데 당분간은 아이 시중이나 들어야지."
"여행은 무슨…… 아이들 공부에 방해되는데 내가 참아야지."

아빠들은 자신의 현재를 희생하며 하고 싶은 일을 미래로 미루는 걸 미덕이자 책임감 있는 태도라고 스스로를 위로한다. 아이를 향한 아빠의 임무는 아이가 사춘기를 온전히, 말썽 피우지 않고 보낸 후 공부에 흥미를 얻어 좋은 대학에 가게 하는 것이라고 생각한다. 그걸 '해내야' 좋은 아빠라고 생각하며 스스로에게 이렇게 말한다. '지금 할 것은 아무것도 없다. 조용히만 있으면 된다.'

그런데 이상하다. 이렇게 노력하는 아빠에게 돌아오는 아이의 말은 너무나도 허망하다. 사춘기에 접어드는, 그리고 이미 사춘기에 들어선, 그것도 아니면 사춘기의 한복판에 있는 아이들은 아빠에 대해 뭐라고들 하는가. "아빠처럼 살기 싫다"는 충격적인 말이 돌아오는 경우가 많다. 재미없는 아빠, 늘 인상 쓰는 아빠, 항상 피곤한 아빠처럼은 되지 않겠다고 말한다. 그러기 위해서라도 아이들은 공부만이 전부라는 아빠의 틀에서 벗어나고 싶다는 생각을 한다. 이런 말에 아빠들은 "내가 누구 때문에 이 꼬락서니로 살고 있는데!"라며 좌절하고 분노한다.

육아(育兒) 보다 육아(育我)가 먼저다

• • •

아이는 사춘기다. 이 시기의 부모는? '오춘기'다! 아이가 사춘기를 겪으며 정체감을 형성하고 독립적 인간으로 성장해나가는 것처럼 부모 역시 또 다른 성장에 관심을 기울여야 한다. 엄마, 아빠가 성장하는 모습을 아이는 알게 모르게 지켜본다. 부모가 기쁘고, 행복한 모습을 보일 때만이 그 말이 아이에게 설득력을 얻는다.

현재를 무작정 희생하지 말고 자신을 위해 조그만 것이라도 열심히, 그리고 흥미롭게 하는 모습을 아이에게 보여줘야 한다. 늘 피곤하고 어렵고 괴로운 표정만 짓는 사람으로 비칠 게 아니라 아이가 닮고 싶은 모습이 되도록 노력해야 한다. 미래를 위해 준비하며 자신의 삶에 다가오는 기회를 놓치지 않으려 애쓰는 부모의 모습은 아이에게 그 무엇보다도 훌륭한 교과서다.

'제로섬(zero sum)'이라는 말이 있다. 스포츠나 게임에서 승패를 모두 합하면 제로가 되는 것을 말한다. 한쪽이 이익을 보면 한쪽은 반드시 손해를 본다는 의미로도 쓰인다. 가끔 부모들은 착각한다. 아이 때문에 내가 피해를 입고 있다고. 무엇을 피해 보고 있느냐고 물어보면 자신의 시간과 돈 등을 말한다. 어쩌다 아이가 제로섬 게임의 대상이 되어버린 걸까.

아이는 부모의 거울이다. 엄마, 아빠는 아이의 잘못을 보며 반성하고, 잘하는 모습을 보고 스스로 더 나은 사람으로 성장하기 위한 원동력으로 삼아야 한다. 아이의 성장 속에서 자신의 성장을 도모할 수 있어야 한다. 아이의 모습을 통해 자신을 돌아보고 살펴보며 보살필 기회를 갖자.

자녀 양육은 오직 아이를 위한 행위가 아니다. 그보다 진정한 의미로 자기 자신을 '케어(care)'하는 일이다. 자신의 내면을 성찰하고 가다듬는 최상의 수련 방법이다. 이를 통해 부모 역시 조금 더 나은 사회인으로 한 발 나아갈 수 있음은 물론이다. 부모와 자녀는 제로섬이 아닌 '윈윈'의 관계다.

아이를 키운다는 의미의 '육아(育兒)'는 부모 자신도 스스로 성장하겠다는 '육아(育我)'여야만 한다. 특히 아이의 사춘기는 부모 역시 성장할 수 있는 절호의 기회임을 기억하고 이 순간을 즐기도록 하자.

아이의 위로를 온전히 받기
● ● ●

뉴스 보기가 겁나는 시대다. 하루도 잠잠한 날이 없다. 세계는 물론 국내 역시 늘 무슨 사건 사고가 그리도 많은지 피곤하다. 더 무서운 건 그런 소식이 처음에는 불안하게 느껴지다가 점차 둔감해진다는 점이다. 이제 속된 말로 '몇 명 죽는 것'은 예삿일처럼 느껴진다. 감정이 메말라가는 징후가 아닐까 두렵다. 세상의 험한 일에 거리를 두고 둔감한 척하는 과정에서 우리는 알게 모르게 심리적 영향을 받는다. 심하면 '외상 후 스트레스 장애'에 이르기도 한다.

어른들도 정신적으로 이렇게 힘든데 아이들은 어떨까. 스마트폰이 보급되고 TV채널이 다양화되면서 아이들 역시 이런 잔인한 뉴스에 불안해하고 두려워하다가 언제부터인가 둔감해졌다. 웬만한 사고 소식에는 놀라지도 않고 공감할 만한 소식을 들어도 마냥 남의 일인 듯 무심해지기 일쑤다.

갑작스러운 발작으로 길에 쓰러진 사람을 보고 달려가 응급처치를 하는 사람 뒤에서 교복을 입은 고등학생이 "와, 대박!"이라고 하며 스마트폰으로 촬영만 하더라는 이야기를 전해 들었을 때는 섬뜩할 정도였다. 세상이 모두에게 '타인의 일에는 관심을 쏟지 않겠음'을 생활신조로 갖게 만들었나 보다. 오직 '나'만 존재할 뿐 타인은 안중에 없다. 무서운 세상이다.

부모와 자녀 관계조차 그래서는 안 된다. 서로를 위로하는 말을 건넬 수 있어야 한다. 부모는 아이를 귀하게 여기고, 아이는 부모를 존중해야 한다. 아이는 가족의 어려움을 보고도 그냥 넘겨서는 안 된다. 같이 고민하고 해결하고자 하는 의지를 갖고 행동해야 한다. 더군다나 사춘기라면 더욱 그러하다.

어느 날의 일이다. 초등학교 6학년인 첫째가 수줍게 나에게

다가왔다. '무슨 일이지?' 했는데 엄마, 아빠 결혼기념일이라고 카드를 준다. 작은 초콜릿과 함께 말이다. 그런데 무심결에 내 입에서 이런 말이 튀어나왔다.

"쓸데없는 거 신경 쓸 시간에 공부나 해라. 그리고 아빠는 초콜릿 안 먹으니 네가 먹어라."

으휴, 이렇게 말하는 아빠가 세상에 어디 있을까. 있다. 바로 내가 그랬다. 아이의 눈을 봤다. 실망을 미처 표현하지도 못하고 곧장 제 방으로 들어갔다. 아이가 세상을 살아갈 에너지를 주는데도 걷어차는 아빠가 바로 나였다. 부끄럽고 창피하다. 그리고 아이에게 지금까지도 미안하다. 아이는 분명 뜻밖의 선물로 엄마, 아빠를 기쁘게 하고 싶었을 것이다.

안다. 아이에게 귀를 기울이거나 눈을 돌리는 일에 소홀해질 만큼 우리의 일상이 바쁘고 번잡하다는 것을. 하지만 아무리 세상이 힘들게 한다 해도 사랑하는 아이의 말에 귀를 기울이고 눈을 맞추는 건 당연한 의무다. 별것 아닌 것 같지만 서로 마음을 나눌 수 있는 여유를 가져야 한다. 아이가 다시 기회를 준다면 이제 이렇게 말할 것이다.

"엄마, 아빠도 잊고 있었던 결혼기념일을 아들이 챙겨주네? 주변 사람들에게 섬세하게 마음 쓰는 모습을 보니 친구들한테도 인기 많겠는걸. 어디 우리 아들이 써준 카드 한번 읽어볼까. 초콜릿도 맛있겠다. 갑자기 기분이 막 좋아지는걸?"

아이의 세상을 향한 관심과 따뜻한 시선은, 아이에게 아낌없이 감사와 사랑을 표현하는 부모의 말에서부터 시작됨을 잊지 말자.

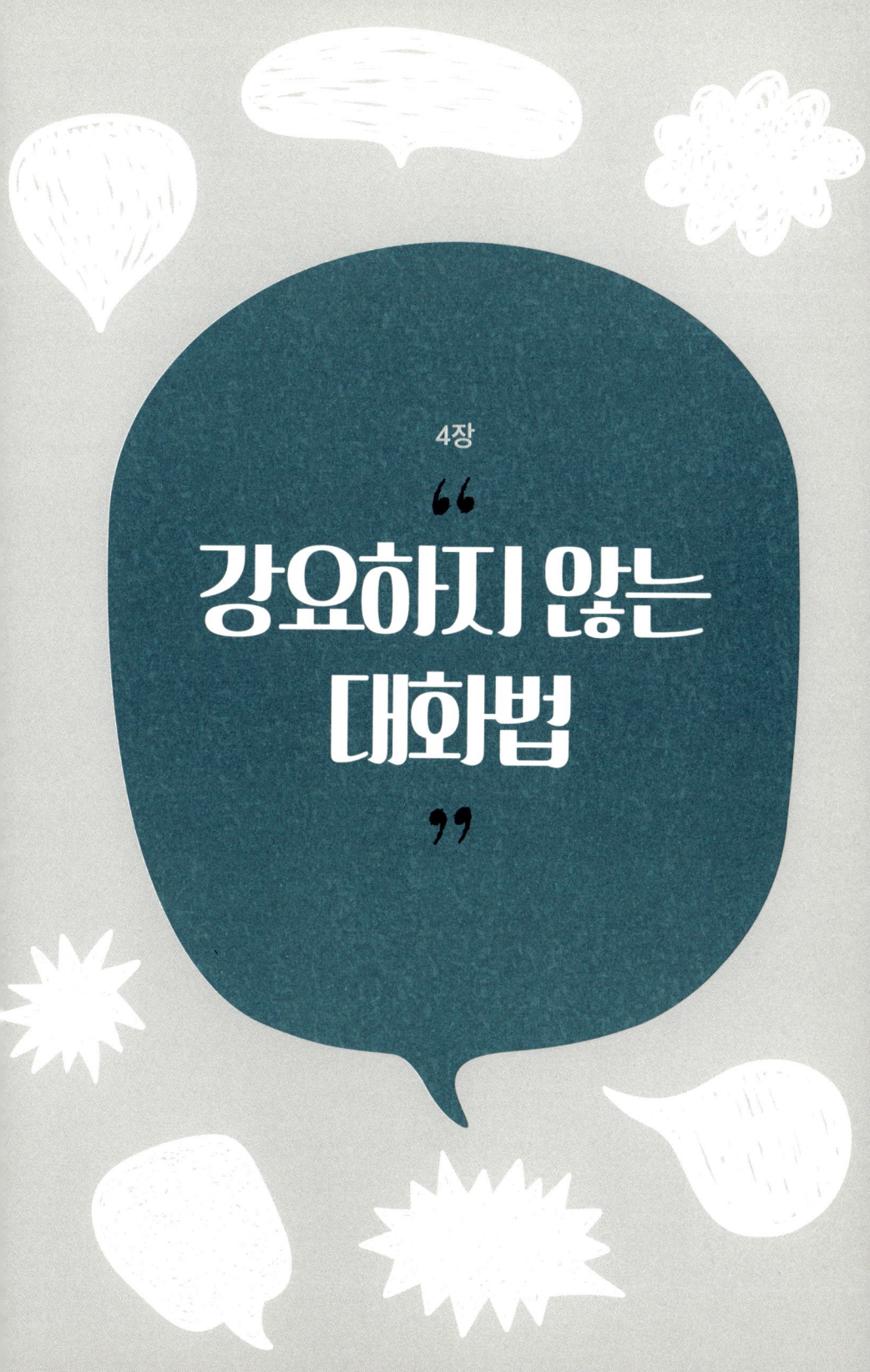

4장
"강요하지 않는 대화법"

대화의 주도권

이길 것인가, 져줄 것인가

오직 자기 말만 하는 부모

...

사춘기 아이는 이제 어린아이가 아니다. 말 하나로 아이를 좌지우지할 수 있다고 여긴다면 그 시기 아이들을 너무 만만하게 생각하는 거다. 사춘기 아이는 이제 스스로 움직이고 싶을 때 움직인다. 변화하고 싶은 마음이 생겨야 변한다. 일방적이고 지시적인 말로 자녀를 다루려는 부모는 수동적인 복종만을 얻을 뿐이다. 겉으로는 따르는 척해도 마음속엔 저항감만 커질 것이다. 아무리 말해도 아이가 움직이지 않는다면 아이 탓으로 돌리기 전에

'부모 탓'은 아닌지 고민해보라.

'사춘기 아이의 저항'과 관련해서 꼭 짚고 넘어갈 이야기가 있다. 아이가 엄마, 아빠 마음대로 움직이지 않는다고 걱정하기보다는 기뻐해야 한다는 점이다. 아이에게 사춘기가 왔음을 반갑게 받아들여야 한다. "엄마 말 잘 듣고 착하기만 하던 애가 중2가 되더니 엄마 말이라면 뭐든 바락바락 대들고 본다"고 아내가 당신에게 고민을 털어놓을 때 "뭐라고? 혼 좀 나야겠구먼!" 하며 흥분하는 대신 "우리 아이가 사춘기가 됐나 보네. 아이가 잘 크고 있다는 증거니까 걱정하지 말아요"라고 대처할 수 있어야 한다.

사춘기 아이와 싸우려 들지 말아야 한다. 오히려 이전보다 사랑과 배려의 말을 더 많이 해야 한다. 이제 사춘기 아이와 대화할 때 다음과 같은 말과는 이별할 준비를 하자.

"너 이거 꼭 해야 돼."
"이거 안 하면 그거 안 해줄 거야."
"몇 시까지 다 해놔야 해. 안 하면 알지?"
"오늘은 몇 시까지 공부해라."

명령의 말, 강요의 말을 머리에서 싹 지워버리자. 아이들이 스스로 판단하고 행동할 수 있는 기회를 애초에 막아버리는 나쁜 말을 하지 않도록 조심하자. 부모 눈에는 아직 어린아이로 보이겠지만, 자녀는 이미 자기 일을 스스로 고민하고 판단할 수 있을 만큼 성숙하다. 아이가 올바른 판단을 할 수 있도록 도와야지, 부모 생각대로 무작정 결정을 내리고 그대로 따르기를 강요해서는 안 된다.

일방적인 말은 아이와 멀어지게 만든다. 겉으로는 말에 수긍하는 척하지만 실제로는 안 듣는 것과 다름없다. 부모와 자녀 사이의 관계가 연극무대의 배우들처럼 '꾸밈'으로 설정된다면 얼마나 안타까운 일인가.

개인적으로 팁을 하나 드리자면 사춘기 아이와 대화하기 좋은 장소를 찾는 노력을 아끼지 말기 바란다. 아이가 편안해하는 장소를 아는가? 그곳을 찾는 게 먼저다. 우리는 누군가와 대화를 할 때 카페에 가거나 함께 산책을 하기도 한다. 말의 물꼬를 틔워주고 진지하게 대화에 임할 분위기를 만들어주기 때문이다. 사춘기 아이와 대화할 때도 마찬가지다. 집에서만 하려 들지 말고 밖으로 나와 함께 걸으며, 차를 마시며 대화를 시도해보라.

"중학교 입학한 지 한 달이나 지났네? 공부도 열심히 하고 친구들과 사이좋게 지내니 보기 좋은걸? 아빠랑 오늘 단 둘이 외식할까? 메뉴는 네가 정해. 아빠는 너 따라갈게!"

사춘기 아이에게 대화의 장소는 중요하다. 보다 여유로운 장소에서, 편하게 부모와 대화하기를 원한다. 그러니 우선은 대화가 원활히 진행될 공간, 이왕이면 아이가 좋아하는 장소 하나 정도는 집 주변에 찾아놓기를 바란다. 함께 이야기 나눌 좋은 장소만 찾아도 사춘기 아이와 대화할 준비가 잘되었다고 말할 수 있다.

장소는 그만큼 중요하다. 아이와 대화하기 좋은 장소에서라면 아빠의 일방적인, 강압적인, 명령적인 말도 어쩌면 예전보다 훨씬 줄어들지 모른다.

옳은 말, 아이에겐 언어폭력일 수도 있다
· · ·

부모는 옳고 그름에 익숙하다. 그래서일까, 아이 교육에도 똑같은 원칙을 적용하려 한다. 옳은 것은 옳다고 가르치고 싶다. 그걸 부정하면 아이를 고치려고 애쓴다. 그런데 생각해보자. 아이에게도 자신만의 옳고 그름이 있지 않을까. 엄연한 자기 생각이 있는데, 그걸 바꾸려고 애쓰는 게 과연 올바른 커뮤니케이션 방식일까? 그 과정에서 알게 모르게 '언어폭력'을 행사하고 있는 건 아닐까 고민해보자.

욕설과 폭언만이 언어폭력이 아니다. 내 생각을 상대방에게 강요하는 것 역시 언어폭력이다. 더구나 말하는 주체가 상대방보다 우월한 지위, 예를 들어 직장에서의 상사나 가정에서의 부모라면 아무리 다정하고 따뜻한 형식을 취한다 해도 이를 받아들이는 약자에게는 언어폭력이 될 가능성이 크다.

이쯤에서 하나 고백해야겠다. 부끄럽지만 나는 누군가가 내 말에 끼어들거나 소위 '토 다는 것'을 싫어한다. 더 부끄러운 고백을 하자면, 그래놓고 정작 나는 누군가의 의견에 쓸데없이 토 달기를 좋아한다. 나와 다른 의견을 '틀린 것'으로 간주하고 내 의견을 합리화하기 위해 온갖 논리를 갖다 붙인다.

사회에서도 이런 대화에 익숙하니 나보다 약자인 아이들과의 대화에서는 오죽할까. 아이의 의견 표명은 무시한 채 습관적으로 감 놔라 배 놔라 하곤 했다. 그래서 사춘기 아이와 대화하려면 우선 대화 습관부터 고쳐야 한다고 말하면서도 한편으로는 그것이 얼마나 쉽지 않은지 누구보다도 잘 안다.

가끔 나는 스스로를 '꽉 막힌 사람'이라고 자책하기도 한다. 아이에게 미안한 '짓'을, 가령 소통을 가로막는 말을 하고 나서 나중에야 미안해할 때가 많다. 이런 일이 자꾸 반복되니까 더 문제다. 나이 들수록 타인의 말에는 귀를 막고 내 말만 하고 싶은 것을 보면 심각한 증상임에는 틀림없다.

요즘 남자들, 마흔을 넘어 중년이 되면 '갱춘기(갱년기+사춘기)'에 이른다고들 한다. 내가 혹시 갱춘기 아닐까 싶기도 하다. 갱춘기 증상 중의 하나가 바로 '듣고 싶지 않은 말은 거부하고, 하고 싶은 말만 하는 것'이라던데 그런 말을 들으니 괜히 걱정이 된다.

그 피해가 혹시 나의 사랑하는 아이들에게 돌아가지는 않을까 조심스럽다.

자녀에게 옳은 말을 해주되 지혜로운 방법으로 해야 한다. 같은 말이라도 표현 방법에 따라 효과는 분명 다르다. 그뿐이랴. 어른의 기준으로 판단하고 또 그 판단을 표현하는 말이 이제 막 자신의 세계를 만들어가는 사춘기 아이들에게 얼마나 나쁜 영향을 미칠지를 고민해봐야 한다.

우선 하나만 연습해보자. 우리 아이들이 가장 잘 쓰는 말 중의 하나가 "짜증 나!"다. 이런 말을 들으면 아빠들은 "이놈의 자식! 아빠가 말하는데 '짜증 나!'가 뭐야! 응!" 하고 말할 것이다. 물론 '옳은 말'이긴 하다. 하지만 아이와 대화를 이끌어가는 '좋은 말'은 아니다. 아이에게 이렇게 대응해서는 더 이상 대화가 진행되지 않는다.

그렇다면 어떻게 대응해야 좋을까? 다음과 같은 '대사'를 알려드리니 그대로 활용하시기 바란다. 부모의 말에 아이가 어떻게 반응할지 상상해보는 것도 좋겠다.

아이 : 아이, 짜증 나.

엄마 : 그래, 마음이 불편하구나.

아이 : _____

아이 : 아이, 짜증 나.

아빠 : 그렇구나. 짜증이 났구나.

아이 : _____

아이 : 아이, 짜증 나.

엄마 : 엄마가 너를 화나게 했구나.

아이 : _____

아이는 달라진 말투에 놀라서 처음엔 '이게 뭔가' 하는 눈길로 얼굴을 멍하니 바라볼지도 모르겠다. 그래도 해야 한다. 한 번 해 보고 쑥스럽다고 포기하지 마라. 처음부터 쉬운 일은 세상에 없다. 각 가정마다 변화의 속도가 다를 뿐, 부모가 어떻게 반응하느냐에 따라 아이도 함께 달라지기 마련이다. 이제 아이는 지금까지와는 다른 반응을 보이며 대화를 이어가려 하지 않을까? 이게 말투의 변화가 가져오는 기적이다.

지는 것이 이기는 것이다
・・・

아이에게 '강요하지 않는 말'이란 무엇일까? '지는 말'이라고 해두자. 아이에게만큼은 좀 져줬으면 좋겠다. 아이들, 더군다나 사춘기 아이라면 이제 지는 것에 익숙해졌을 것이다. 달리기 시합에서 철수에게 지고, 수학시험 성적에서 민경이에게 지고, 영어단어 많이 알기에서 경철이에게 지면서, 세상의 많은 벽에 부딪혀 의기소침해지기 쉽다. 져서 마음 아파하면서도 정작 패배에 어떻게 대응해야 할지 모르는 경우도 많다. 이럴 때 부모까지 아이에게 이기려고 해서는 안 된다. '지는 말' 하기에 익숙해져야 한다.

질문으로 말하고 질문으로 대답하기는 지는 말의 좋은 예다. 아이에게 이래라 저래라 하지 않는 것은 물론 아이에게 대화의 주도권을 주는 좋은 방법이다. 예를 들어보자.

아빠 : 너한테 지금 필요한 게 뭐지?

아이 : 지금이요? 좀 쉬고 싶어요. TV도 보고.

아빠 : 그래, 아빠처럼 피곤한가 보다. 몇 시까지 쉴까? 아빠도 그때까진 쉬어야겠어.

아이 : 음, 7시쯤이요.

아빠 : 그래? 그 이후에는?

아이 : 밀린 숙제 좀 하려고요. 아빠도 뭐 할 거 있어요?

아빠 : 응, 나도 그럼 그때부터는 밀린 책을 좀 읽어야겠네.

질문을 하면 대화의 주도권이 아이에게 간다. 결정권이 아이에게 돌아가니 지는 것 같지만 사실은 가장 현명한 '지는 말'인 셈이다. 아이가 스스로 쉬고, 스스로 공부할 수 있도록 유도할 수 있기 때문이다. 질문을 통한 대화는 아이에게 강요하지 않으면서도 스스로 뭔가를 계획하게 하고, 그 과정에서 아빠도 함께 성장하게 만든다.

물론 질문을 하면 시간은 다소 소요된다. 아이의 말을 들어줄 여유도 있어야 하고, 어쩌면 아이로부터 아빠가 원하는 대답을 얻어낼 수 없을지도 모른다. 하지만 아이에게 해줄 좋은 말이 생각났더라도 일방적으로 조언하기보다는 스스로 답을 찾을 수 있도록 돕는 편이 훨씬 좋다. 이제 다음과 같은 말에 익숙해져야 한다.

"너라면 어떻게 했을 것 같아?"
"음, 네 생각은 어떤데?"

질문을 해서 아이의 대답을 이끌어낸 후 부모가 하고 싶었던 말을 차분하게, 그리고 강압적이지 않게 하면 아이에게 대화의 주도권을 주면서도 부모가 원하는 바를 실현할 수 있다. 사춘기 아이들에게 대화의 주도권을 줘야 하는 이유는 심리학 연구에서도 쉽게 찾아볼 수 있다.

지능을 유동지능(fluid intelligence, 문화적 영향을 받지 않고 추상적으로 생각하고 추론하는 능력. 예를 들어 '1, 3, 5, 7 다음에 올 숫자는 무엇인가?' 등에 답하는 지능)과 결정지능(crystallised intelligence, 교육과 이전 경험을 통해 획득된 정보, 기술 및 전략)으로 나누어서 보자면, 사춘기에는 유동지능이 가파르게 감소하는 반면 결정지능이 급격하게 증가한다.

즉, 사춘기 아이들은 유아기 때의 교육과 경험으로 얻은 지능이 고양(高揚)되는 과정에 있으며 나름의 가치관이 확실하기 때문에 엄마, 아빠의 일방적이고 강압적인 대화 방식을 쉽게 받아들이지 않는다는 뜻이다. 그렇기에 전문가들은 아이를 말로 이기려 하기보다 아이의 말을 잘 들어주고 가능하면 아이가 대화를 주도하도록 하는 것이 바람직하다고 말한다.

당당한 자기주장

때로는
'아니'라고 말하기

좋은 아빠? 좋은 아저씨!

• • •

아이에게 아빠는 어떤 존재일까? 유소년기 아이들은 아빠의 역할을 어떻게 생각하고 있을까? 아빠가 아이에게 "아빠는 어떤 사람이야?"라고 물었다고 해보자.

"돈 벌어오는 사람이죠."
"엄마를 사랑하는 사람이요."

어린아이들은 보통 이렇게 대답한다고 한다. 그렇다면 사춘기 아이들에게 물으면 어떤 답이 나올까?

"아빠요? 음, 글쎄요. 그런데 왜 갑자기 그걸 물어봐요?"

사춘기에 접어들면 아이는 아빠가 원하는 답을 섣불리 말하지 않는다. 그래서 더 궁금하다. 아이들이 아빠를 정말로 어떻게 생각하는지에 대해.

한 심리학자의 말이 생각난다. 아빠는 아빠로서만이 아니라 한 남자였다고 해도 아이가 좋은 관계를 맺고 싶어하는 사람이 되어야 한다고 했다. 그는 아빠라면 스스로 이렇게 질문을 해보라고 권했다.

"내가 아이의 아빠가 아니라 그냥 알고 지내는 아저씨여도 내 아이는 인간적으로 나를 좋아할 수 있을까?"

'가족으로서의 아빠'가 아닌 '한 개인으로서의 아빠'로 바라볼 수 있을 때 아이는 한 가족의 아이에서 한 사회의 구성원으로 편입될 준비를 마친 셈이라고 한다. 자신의 정체성을 아빠의 위치와 더불어 고려할 수 있다면, 이제 사회에 나갈 수 있는 어른이 될 준비가 다 됐다는 것과 마찬가지라는 말이다. 자, 다시 한번 스스로에게 물어보자.

"나는 아이에게 좋은 아빠인가, 그리고 좋은 아저씨이기도 한가?"

내 아이의 '아동권리지수'는?

국제 구호기관인 굿네이버스가 학생과 학부모 등 1만 8,000명을 대상으로 실시한 〈아동권리 실태조사〉에 대한 결과를 공개했는데 그 내용이 충격적이다. 우리 아이들에게 죄짓는 기분마저 들었다. 조사에 따르면 잠자는 시간이 부족하다고 응답한 비율이 초등 4학년은 15.4%였고, 초등 6학년은 20.8%, 중학 2학년은 39.3%로 학년이 올라갈수록 급증했다. 지나친 학업 스트레스가 아동의 권리, 그중에서도 '잠잘 권리'를 짓누르고 있다는 평가가 나왔다. 외국과 비교해 학년이 올라갈수록 훨씬 큰 폭으로 아동 권리지수가 하락하기 때문에 더욱 우려스럽다고 한다. '우리 아이만 뒤처지는 것 아닌가' 하는 불안감에 사교육에 '올인(all-in)' 한 결과가 아이들의 삶의 질을 급격하게 떨어뜨리고 있다.

시키면 시키는 대로 하는 우리 아이들, 너무나 안쓰럽고 미안하다. 나는 학창시절에 잠이 부족했던 적이 별로 없다. 고3 때도 일곱 시간씩 쿨쿨 잤으니까. 그래서인가, 결국 대입에 한 번 실패해서 재수를 하긴 했지만 말이다. 그런데 생각해보자. 우리 부모들은 언제부터 공부 때문에 잠을 줄였던가? 빠르면 중3이고, 늦으면 고2, 고3이 돼서야 잠자는 시간을 줄여가며 공부한다고 난리를 쳤다(실제 잠을 줄인 시간에 공부에 전념했는지, 아니면 졸았는지, 그것도 아니면 '딴짓'을 했는지는 얘기하지 말자).

그런데 요즘 아이들은 초등학교 고학년만 돼도 잠이 부족하다. 그 이유가 사교육 때문이라고 하니 기가 막힐 일이다. 학교 숙제가 아닌 학원 숙제 때문에 끙끙대는 아이들을 본 적 있을 것이다. 어떤 아빠들은 보고도 '애들 엄마가 알아서 관리하겠지' 하며 못 본 척하고선 프로야구 중계나 시시껄렁한 TV 예능 프로그램으로 눈을 돌렸을지도 모르겠다. 그 시간에 아이들은 소리 없는 아우성을 치며 괴로워했다. 아이들도 나름의 목표와 꿈, 그리고 하고 싶은 것이 있었을 텐데 몽땅 다 무시하고 일방적으로 강요한 스케줄에 자녀를 얽어매진 않았는지 되돌아봐야 한다.

착한 아이인가, 무기력한 아이인가
・・・

'비합리적 신념'이라는 말이 있다. 개인이나 집단이 지니고 있는 비논리적이거나 비현실적인 신념을 뜻하는 심리학 용어다. 여기서 인간의 부적응행동이 유발되는데, 주로 비현실적이거나 경직되어 융통성 없는 사고방식을 담은 말이나 행동으로 나타난다.

"~해서는 절대 안 돼!"
"~하는 것은 엄청나게 비참한 일이야."

이런 형태의 생각이 비합리적 신념의 대표적인 예다. 지나치면 신경증 등의 병리적 행동을 유발하기도 한다. 아빠와 아이의 관계를 예로 들어 설명하자면 다음과 같다.

1. 집에서 뭔가를 하면 아빠가 화를 낸다.
2. 아빠는 화가 나면 회초리를 든다.
3. 나는 회초리 맞기 싫다. 그러니 아무것도 하지 말아야겠다.

'뭔가를 하면 → 아빠에게 혼나니까 → 아무것도 하지 않겠다'는 생각의 흐름, 오늘날 사춘기 아이들이 흔히 갖는 비합리적 신념이다. 아이가 자신의 생각을 말 못하고, 자신이 원하는 행동을 하지 못한 채 '무기력한 개처럼' 끌려 다니는 것과 '아이가 착하다'를 동일시하는 부모 밑에서라면 충분히 있을 수 있는 일이다.

심리학 서적에서 소개하는 비합리적 신념의 사례는 우리 아이들의 모습을 그대로 담고 있는 듯 보여 안쓰럽기만 하다. 몇 가지

예를 들면 다음과 같다.

> '나는 내가 아는 중요한 사람들 모두에게 사랑받고 인정받아야 한다.'
> '나는 모든 면에서 유능하고 적합하고 성취를 이루어야 가치 있는 존재가 된다.'
> '원하는 일이 뜻대로 되지 않으면 파멸이 있을 뿐이다.'

달성 불가능한 소망을 두고 이런 생각을 한다면 비합리적이다. 주위 사람들에게 사랑받고 싶다는 희망은 바람직하지만, 합리적인 사람은 모든 사람에게 인정받기 위해 자신의 관심과 소망을 희생하지 않는다. 모든 면에서의 완벽 추구 역시 불가능한 일로, 억지로 이를 달성하려 하면 정신적·신체적 질병, 열등감, 무능력, 실패의 공포가 끊임없이 생겨날 뿐이다. 원하는 일이 잘되지 않으면 파멸뿐이라는 생각도 마찬가지다. 좌절은 살다 보면 매우 흔하게 경험되는 감정이다. 그 때문에 오랫동안 심각한 혼란 상태에 머문다면 비합리적이다. 이런 비합리적인 신념이 사춘기 아이의 생각 속에 자리를 잡으면 결국 의욕상실과 무기력을 겪을 가능성이 크다.

아이의 거절은 소통의 시작이다

• • •

아이가 비합리적 신념에 빠지지 않도록 부모가 도와야 한다. 사춘기 아이들의 비합리적인 신념은 극단적인 행동을 유발할 수도 있다. 그렇기에 도움이 절실하다. 비합리적 신념에 파묻혀 끙끙대다가 마음의 상처를 받기보다 부모에게 자신의 힘든 상황을 털어놓을 수 있게 해줘야 한다.

부모는 고민과 고통, 번민이 담긴 아이의 말을 들어주는 첫 번째 사람이 되어야 한다. 대화하며 아이가 감정을 스스로 정리하고 감정의 찌꺼기를 털어낼 수 있도록 도와야 한다.

그러려면 거절에 익숙한 아이로 키워야 한다. 합리적인 거절로 불가능한 목표에 맞서는 법을 배워야 한다. 거절은 타인과 나 사이의 불균형을 조정하는 윤활유 같은 소통법이다. 모든 사람과 좋은 관계를 맺겠다는 목표는 아름답지만 불가능하다는 것을 알아차리고 거절을 통해 자신의 생각을 명확히 전달하는 커뮤니케이션에 익숙해지도록 도와야 한다. 아이의 거절은 소통으로 나아가는 출발점이다. 아이가 거절하기 시작했다면 부모는 반항이라고 생각하지 말고 이를 반갑게 맞이해야 한다. 스스로 합리적인 사고를 하고, 자신과 타인 사이에서 균형을 잡기 시작했다는 신호니까.

아이들이 'No'라고 말하면 좋겠다
• • •

아이들은 왜 힘들면 힘들다고 말하지 않는 걸까? 왜 혼자 입 다물고 있다가 일을 크게 만드는 걸까? 그런데 사실, 아이들은 이미 엄마, 아빠에게 말했었다. 다만 부모가 외면했을 뿐이다.

평소에 권위로 누르는 아빠의 말, 예를 들어 "하라면 하지 뭔 말이 그렇게 많아!", "언제부터 이렇게 말대답이 늘었어!", "아빠 말이 말 같지 않니!" 등을 사용해 윽박지른 것도 아이의 대화 요구에 대한 냉정한 거절이다. 이와 같은 대화가 누적되면 아이들은 어느새 거절을 못하는 아이, 부모 말을 회피하는 아이가 되어 버린다.

한 정신의학과 교수는 "거절을 못하는 성격은 배려하는 좋은 기질이라기보다 자신의 마음을 아프게 하는 위험한 특성이다"라고 말했다. 우리 아이들은 자신의 건강을 위해, 그리고 타인과의 관계에서 균형을 잡기 위해 거절하는 법을 배워야 한다. 그러려면 아이들의 거절을 말대답, 반항, 저항이라고 몰아붙이지만 말고 적절한 소통수단으로 인정해줘야 한다. 오히려 거절 표현에 서툴면 보완해줄 정도가 돼야 한다. 거절이란 감정적인 분노 표출이 아니라 타인과의 관계를 재조정하는 일임을 알고 활용하면 좋겠다. 예를 들어보자.

아빠 : 이불 좀 개야겠다.

아이 : 제가 덮은 이불 아니에요. 동생이 덮은 거예요.

이때 "뭐라고, 개라면 개지 뭔 말이 많아!"라고 말했다면 소통 실패다. 약속하자. 다시는 이렇게 말하지 않겠다고. 아이가 수동적인 대응이 아니라 자신의 생각을 차분하게 정리해서 말할 수 있게 해줘야 한다. 평소 부모와 대화를 즐긴 아이라면, 적절하게 거절할 줄 아는 아이라면, "이불 좀 개야겠다"는 아빠의 말에 다음과 같이 말할 것이다.

1단계 : (아이의 생각) '이건 동생이 자고 난 이불인데, 아빠가 모르시나 보다.'

2단계 : (아이의 말) "네, 아빠. 그런데 이건 동생이 자고 난 이불이니 동생을 불러서 함께 개도록 할게요. 다음부터는 자기가 알아서 잘 개도록 시키고요."

아이가 자기 마음을 스스로 차분히 들여다보고 자신에 대한 이해를 높인 다음 그 정보를 아빠에게 효과적으로 잘 전달함으로써 질 높은 소통을 완성하는 그날이 오기를 바란다.

대듀케이션

사막의 낙타가 되어주기

꿈을 생각할 시간을 주는 부모
• • •

아이들이 가장 싫어하는 말이 뭘까?

"숙제해라!"
"밥 먹어라!"
"(TV) 그만 봐라!"

뭐, 이런 것 아닐까? 아이들은 당연히 이런 말을 싫어한다. 그런데 한 교육 전문가가 언급한 '아이들이 가장 싫어하는 말'은 흥미로웠다. 특히 사춘기의 아이들이 가장 듣기 싫어하는 말이란다.

"너는 어떤 사람이 되고 싶니?"

이상하다. 이 말이 왜 듣기 싫을까?

첫째, 부모가 자신이 어떤 사람으로 성장하길 바라는지, 어떤 직업을 바라는지 아이들은 이미 잘 알고 있다.

아빠가 아이에게 "너는 어떤 사람이 되고 싶니?"라고 물어보면 아이는 그 말 속에 숨은 뜻을 안다. 차라리 "나는 네가 공무원이 되면 좋겠어!", "일단 좋은 대학에 들어가면 좋겠어" 하고 말하면 편할 텐데 굳이 아이의 선택이 중요한 것처럼 말하는 게 위선적으로 느껴진다고 한다.

둘째, 아이가 부모의 의도대로 대답하지 않으면 원하는 대답이 나올 때까지 귀찮게 할 것을 잘 알고 있다.

아빠의 질문에 아이가 "아빠, 저는 기타리스트가 되고 싶어요"라고 대답했다고 해보자. 아이는 아빠의 대답을 이미 예상할 수 있다. "그게 아무나 하는 건지 아니?", "정신 못 차렸구나. 제 정신이니?", "너 한번 기타리스트들이 실제로 어떻게 사는지 알아보고 다시 말해볼래?" 등 아빠 입에서 어떤 말이 나올지 뻔하다는 것이다. 그러니 굳이 마음속 이야기를 꺼내서 피곤해질 이유가 없는 것이고 말이다.

셋째, 어쩌면 가장 중요한 이유일지 모르는데, 아이들은 꿈을 꿀 시간이 없다.

꿈을 꿀 시간이 없다, 이게 무슨 말일까? 중학교 3학년 학생이 한 말이 무섭다. "주변에 꿈이 있는 친구가 많지 않아요. 대부분의 시간을 학원에서 보내느라 꿈을 생각할 시간이 없어요. 생각할 시간이 없으니 왜 공부를 해야 하는지 목표가 안 생기는 게 당연하죠."

자녀가 꿈꿀 시간을 제대로 주고 있는지 다시금 생각해보게 된다. 우리는 그러지도 못하면서 함부로 아이에게 미래를 묻는 것은 아닐까?

삶의 지도 함께 그리기
...

아이는 막막하다. 사막을 걷고 있다. 희미한 나침반 하나에 의지한 채 어딘지 모를 곳으로 발걸음을 옮기고 있다. 미적분을 풀면서 '이게 나의 꿈과 무슨 관계가 있는 거지?', 임진왜란을 공부하면서 '대학만 가면 모든 게 해결되는 걸까?'라는 의심을 끊임없이 한다. 이런 사춘기 아이들을 위해 부모는 선명하지는 않더라도 도움이 될 만한 삶의 지도를 함께 그릴 수 있어야 한다. 아이와 끊임없이 대화하고 스킨십하면서 말이다.

부모에게 맡겨진 큰 역할이 있다면, 아이가 도전이나 좌절하는 시기에 그걸 견뎌내는 힘을 길러주는 것이다. 또한 밑도 끝도 없는 꿈을 꾸라고 다그치기 전에 그 꿈을 꿀 수 있는 환경을 만들어줘야 한다. 사막에서 힘든 경기를 치르고 있는 아이의 상태를 일차적으로 책임지는 '코치'가 아이 엄마라면 아빠는 '감독'이다. 코치인 엄마와 호흡을 맞춰서 보다 넓은 시야에서 큰 그림을 그리고 때맞춰 중요한 결정을 내리고 책임져야 한다.

조금 더 넓은 안목으로 아이를 다독거릴 수 있어야 한다. 아이가 힘들어할 때 훈훈한 미소를 지으며 "괜찮아. 잘하고 있는 거야!"라고 말할 수 있어야 한다. 생활 속에서 밥벌이를 위해 애를 쓰는 것, 당연히 중요하다. 하지만 사랑하는 아이를 위해 가정에서도 반드시 조금 더 노력해야 한다. 사춘기 아이들의 자정능력을 믿고 스스로 문제를 해결할 수 있도록 기다려주고 또 아이 혼자서 감당하기 힘든 일이 생기면 진심을 다해 도우면서 함께하는 모습을 보이자.

아이들이 사막에서 길을 잃지 않고 살아남을 수 있는 근본적인 힘을 기르도록 돕자. 그것이 부모의 역할이요, 부모의 힘이다.

대듀케이션의 시작

...

지난 3월 시카고 화이트삭스의 베테랑 타자 애덤 라로쉬(Adam LaRoche)의 은퇴 소식으로 미국이 들썩였다. 그가 연봉 155억 원을 포기하고 돌연 야구를 그만둔 이유는 구단이 열네 살 아들 드레이크의 라커룸 출입을 제한했기 때문이다. 라로쉬는 트위터로 팬들에게 고별인사를 하면서 '#Familyfirst(가족이 최우선)'라는 의미심장한 해시태크를 달았다.

'일'보다 '아이'가 우선!

이제는 바다 건너 이야기만이 아니다. 일에 삶의 모든 시간을 통째로 헌납하는 것을 당연시하던 한국의 아빠들도 변하고 있다. 남의 눈을 의식해서 뒷전으로 돌렸던 아이 이야기를 당당히 꺼낸다. 자신만의 아빠표 세상 교육, 이를 '대듀케이션(DADucation)'이라고 한다. 당신은 대듀케이션에 익숙한 아빠인가? 아니면 여전히 소파 귀신으로 집 안에서 외딴 섬처럼 홀로 지내는 옛날 아빠인가? 이제 아빠들도 좋은 의미로 '아들 귀신', '딸 귀신'이 되어야 할 때다.

사실 우리는 아빠교육의 1세대다. 우리 아버지 세대에서 양육은 거의 모두 어머니의 몫이었다. 그러니 아버지의 육아를 본 적이 없는 지금의 아빠들은 도대체 아이를 어떻게 키워야 하는지 감이 안 온다. 당황스럽기만 하다. 아이와 어떻게 이야기를 나눠야 하는지, 도대체 무슨 주제로 대화해야 하는지 모른다. 어려운 상황에 직면한 아빠의 신세가 처량하기만 하다.

그렇다고 아이와의 관계를 포기할 수는 없지 않은가. 우선 아이와 가까워지겠다는 마음만이라도 절대 놓치지 말자. '아빠표 교육'을 통해 '엄마표 교육'에서 아쉬웠던 부분을 보완하겠다고 다짐하자. 아이 교육은 엄마만이 아니라, 엄마와 아빠, 즉 우리의 교육이어야 한다.

거창하게 생각할 필요 없다. 작은 것부터 시작하면 된다. 아이 교육의 '주력자'는 아니더라도 '조력자' 역할은 하겠다고 마음먹기만 해도 충분히 대듀케이션을 실천할 수 있다. 아이들에게 "방 치워! 숙제부터 해!"라고 말하기 전에 아빠 먼저 '할 건 하자! 우리 아이를 위한 올바른 대화부터!'라고 생각해야 한다.

사실 나 역시 아이 교육을 거창하게 생각했기에 엄마의 아이 교육에 끼어들 틈이 없었던 것 같다. 그래서 아이 교육은 내 일이 아닌 것처럼 방치했었다. 그러다 문득 내가 나이 들어간다는 것을 깨달았다. 노안이 왔을 때나 무릎이 아플 때가 아니다. 어느 날 문득 훌쩍 커버린 아이들을 보면서 나 자신의 나이를 새삼스레 느꼈고, 그래서 아이와의 관계를 다시 생각하기 시작했다.

겁이 났고 급한 마음이 들었다. 이러다 그냥 아이와 멀어지는 건 아닐까, 하루가 다르게 지혜와 지식을 쌓아가는 아이들과 나는 도대체 어떤 관계를 맺고 있는 걸까, 고민이 생겼다. 나의 아이들이 사춘기를 잘 통과한 후 어른이 되어 어려움에 처했을 때 아빠에게 받은 긍정적인 피드백을 생각하며 세상에 당당히 맞설 수 있기를 바랐다.

아빠들, 정말 바쁘다. 삶은 만만치 않다. 하지만 그 고단함도 아이들이 멋지게 성장하는 모습을 보면 잊을 수 있다. 아이들의 성장에 아빠들은 기여하고 싶다. 그런데 무엇을 해야 할지 소통에 서툴고 감을 잡을 수 없었다면 이제 마음을 내려놓자. 아빠로서 할 수 있는 부분이 있다면 작은 것부터 해보겠다고 다짐부터 하자. 살펴보면 잔잔하지만 함께할 수 있는 것이 많다.

아빠는 아이들에게 하나의 '기준'이다. 무조건적인 긍정적 수용으로 아이를 보듬어주는 것이 엄마의 역할이라면 우리 아빠들은 세상 밖으로 나갈 준비를 하는 아이들을 위해 규칙, 규범 등에 관해 이야기해줄 수 있다. '학교에서 알아서 사회성을 길러주겠지'라는 생각은 안이하다. 아빠도 충분히 책임, 존중, 정직, 협동, 배려 등을 주제로 이야기할 수 있다.

아이 엄마에게 "애를 어떻게 키운 거냐?"고 다그치기 전에 먼저 우리 아빠들이 아이를 위해 무엇을 했는지 생각해보는 시간을 가져야 한다. 자연스럽게 아이 교육에 참여해서 아이의 생각을 읽어주고 대화함으로써 아이가 사회의 당당한 구성원으로 성장할 수 있도록 지지하는 것, 바로 대듀케이션의 핵심이다.

2부

사춘기 자녀와의 대화, 이렇게 말해야 한다

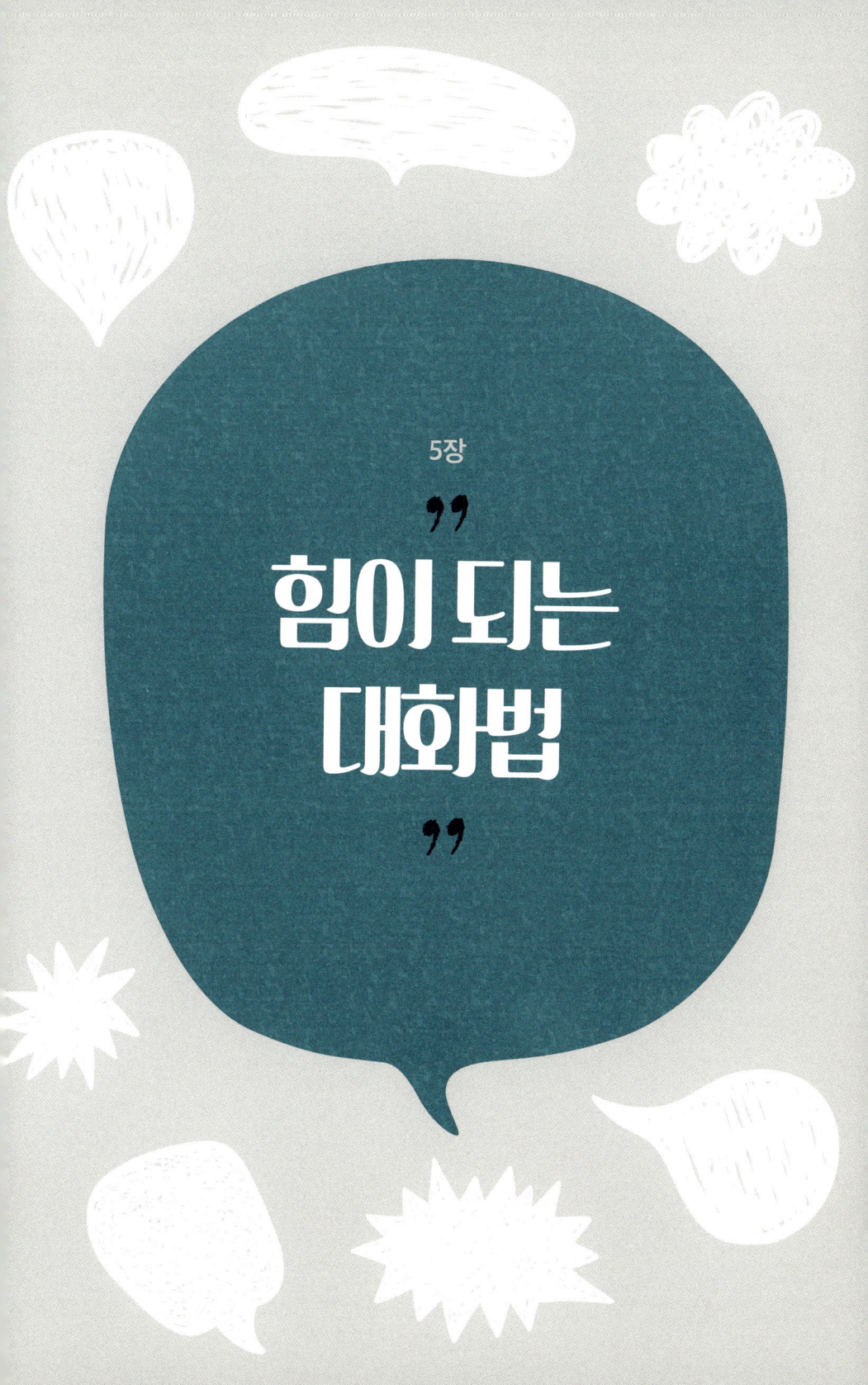

몸 자라기

아이는 변화를
받아들이는 중이다

아이 성적이 부모의 자존심?
...

아이에게 힘이 되는 대화를 하고 싶다면 우선 부모는 자기 마음부터 다스려야 한다. '다스린다'고는 하나, 대단한 일은 아니다. 아이를 향한 부모의 욕망을 잠깐이라도 좋으니 대화의 순간에 인식하면 된다. 아이를 욕구 충족의 수단으로 여기는 엄마, 아빠의 욕망을 자제하자는 말이다. 우선 아이를 향한 엄마의 욕망부터 확인해보자.

"아이 입시를 위해 1년 동안 매일 교회에 가서 한 시간씩 새벽 기도를 드린 엄마가 있었어요. 그런데 아이가 수능을 완전히 망친 거예요. 그 엄마가 너무 화가 나서 '내가 어떻게 했는데, 네가 이럴 수가 있느냐'며 아이 얼굴을 일주일 동안 안 봤다고 하더라고요."

아빠라고 다를까.

"내가 누구 때문에 이렇게 열심히 돈 벌어 오는데 성적 꼬락서니가 이게 뭐냐!"
"김 과장 딸은 혼자 공부하고도 전교 1등 한다던데, 너는 과외를 시켜줘도 왜 이 모양이야?"

부모가 아이를 윽박지를 때 주로 하는 말투 중의 하나가 '내가 이렇게 했는데 너는 도대체 왜 이러느냐!'이다. 혹시 아이 얼굴을 볼 때마다 이런 말을 입에 달고 살지 않았는가? 그런 말 한 적도 없다고? 지금 당장 아이에게 물어봐라.

"아빠가 혹시 '나는 이렇게 했는데 너는 왜 이 모양이니'라고 자주 말하니?"

대답을 기다리면서 아이에 대한 자신의 기대, 솔직한 욕망을 30초만이라도 떠올려보자. 무엇이 떠올랐는가? 그 욕망이 사춘기 아이에게 어떤 영향을 주고 있는 것 같은가?

사춘기 아이는 몸부터 달라진다
...

"부모의 말이 자녀의 인격 형성에 큰 영향을 미친다"는 말은 수도 없이 들었을 것이다. 전문가들은 부모가 가정에서 아이에게 어떤 말을 사용하느냐에 따라 아이의 '자존감'은 물론 '정서 조절 능력'까지 확 달라진다고 말한다. 이렇게 중요한 아이와의 대화 장면에서 우리는 과연 배려, 존중, 공감 가득한 '말 다운 말'을 잘 하고 있는 걸까?

요즘 아이들에게는 부모와 대화하면서 소통 방법을 배울 시간이 절대적으로 부족하다. 선행학습과 각종 과제에 더 많은 시간을 쓴다. 대화보다 공부가 먼저다. 극히 제한된 대화 시간은 부모와 자녀의 소통 문제를 증폭시킨다. 교육제도 탓으로 돌려야 할까, 아니면 신자유주의 시대의 극심한 경쟁 환경을 탓해야 할까? 그것도 아니면 남 탓만 하면서 손 놓고 있어야 할까? 다른 사람도 아닌 아이에 대해서만큼은 외부 탓을 해서는 안 된다. 부모의 도리가 아니다.

아무리 세상이 험할지라도 아이와의 소통 노력은 절대 포기해서는 안 된다. 특히 사춘기의 아이를 둔 부모라면 모든 일을 대화로 풀어가겠다는 의지가 중요하다. 요즘엔 사춘기가 열두 살 이전에도 온다. 사춘기의 제일 큰 변화는 신체적 변화, 즉 제2차 성징이다. 인격적으로 성숙하려면 아직 시간이 더 필요하다. 그런데 아이들은 자기 몸의 변화를 느끼면서 혼란스러워한다. 다른 것도 아닌 자기 몸이니 당연히 잘 알고 있어야 하는데, 학교에서 의무적으로 하는 성교육 빼고는 도대체 조언을 들을 만한 사람이 없다. 친구 말에 의존하거나 인터넷에서 몰래 찾아보는 게 고작이다. 자기 몸의 변화를 숨기고 부끄러워하면서 부모와의 소통은 점점 더 어려워지기만 한다.

아빠는 사춘기 자녀의 몸이 어떻게 변화하는지에 관심을 가져야 한다. 지켜보고 또 필요하면 조언해줘야 한다. 퇴근해서 별달리 할 말이 없다고 "오늘 시험 잘 봤어?", "숙제는 다했어?" 하면서 첫 번째 대화를 망치지 마라. 아이의 성적이 아빠의 자존심이라는 생각을 심어주면 안 된다. 성적이 아니라 아이의 건강한 몸과 마음이 아빠의 전부임을 수시로 알려주자.

기회가 되면 과감하게 사춘기 몸의 변화에 대해서도 이야기를 나눠보자. 그 과정에서 겪는 혼란스러움에 대해 아빠 자신의 경험을 부끄럽더라도 말하면 더욱 좋다.

"오늘 맛있는 거 먹었어? 키가 훌쩍 큰 거 같아. 인기 엄청난 거 아니야?"

"얼굴이 별로 안 좋아 보이네? 무슨 일 있었나 보다. 아빠도 오늘 조금 힘들었는데."

아이의 몸 상태를, 그리고 마음이 드러나는 얼굴 표정을 조금만 더 민감하게 살피며 대화를 해보자. 오직 성적만을 주제로 할 때보다 훨씬 대화가 풍성해질 것이다. 그 과정에서 아이와 좀 더 깊은 대화를 나눌 수 있고 진정한 소통에 한 발 더 가까워진다.

잠을 못 자는 아이

...

초등학교 5학년은 수학에 대한 흥미를 잃느냐, 유지하느냐의 기로라고 한다. 갑자기 공부해야 할 수준이 확 올라간다. 이때 수학을 '잡지' 못하면 중학교, 고등학교 때까지 수학 때문에 고생한다고들 한다. 그래서일까, 이때를 전후해서 아이들의 수학 성적에 대한 엄마들의 고민과 걱정은 어마어마하다. 단순히 진도를 따라가는 데 만족하지 못한다. 중학교가 바로 눈앞이라고 생각해서인지 발 빠른 엄마들은 선행학습이라는 명목으로 아이에게 중학교 1학년 교과과정을 가르친다. 아이들의 고단함이 느껴진다.

공부할 분량이 늘어날수록 아이의 수면 시간이 부족해진다는 게 문제다. 사춘기 자녀를 둔 아빠라면 알 것이다. 언제부터인가 자정이 넘도록 잠 못 이루는 아이의 모습을 봤을 것이다. 비단 공부 때문만은 아니다. 몸의 변화 때문이다. 사춘기의 초입인 이 무렵부터 아이들의 생활이 불규칙해지기 시작한다. 이에는 과학적인 근거가 있다. 사춘기를 맞은 청소년은 이전에 비해 한두 시간 늦게 자고 그만큼 늦게 일어나는데, 수면에 필요한 신경전달물질이 늦게 분비되기 때문이라고 한다. 한마디로 늦잠은 사춘기에 접어든 아이들이 성장기에 겪는 자연스러운 현상이다.

그런데 부모 눈에 늦잠 자는 아이가 탐탁하게 보일 리 없다. 생각해보니 초등학교 6학년인 우리 아이도 언제부터인가 잠이 안 온다고 투정하는 일이 잦아졌다.

아빠 : 지금까지 잠 안 자고 뭐하는 거야?

아이 : 잠이 안 와요.

아빠 : 애가 무슨 밤 11시가 넘도록 잠을 안 자는 거야?

아이 : 진짜 잠이 안 오는데 어떡해요.

아빠 : 됐어! 빨리 누워. 누우면 잠이 올 거야.

아이 : 정말 잠이 안 오는데…….

옆에 있던 아내도 이쯤 되면 거들기 시작한다. "잠 안 오면 수학 문제나 좀 풀던지!"라고 괜한 성을 내면서 말이다. 아이 몸에 대한 부모의 무지가 빚어낸 촌극이다. 아이가 얼마나 답답했을까. 사춘기 때 나타나는 생리적인 현상을 엄마, 아빠가 이해해주지 않았으니 말이다. 늦었지만 아이에게 미안하다는 말을 하고 싶다. 지금이라면 이렇게 말할 수 있을 것 같다.

> "그렇구나. 아빠도 너 정도 나이였을 때 잠이 안 와서 고생했었어. 어른이 된다는 신호였는데 그땐 그걸 잘 몰랐지. 너도 이제 어른이 되려나 보다. 그래도 늦지 않게 잠을 자야 내일 또 힘차게 생활할 수 있으니까 조용한 음악이라도 들으면서 잠을 청해 보렴."

자신이 사춘기 때 어떤 몸의 변화를 겪었는지 차분하게 설명해주면 아이와 정서적인 유대감을 나눌 수 있다. 엄마, 아빠의 경험을 이야기해주면 사춘기 아이는 자기 몸에 일어나는 변화가 특별한 일이 아님을 알 수 있다. 이러한 변화가 도리어 축복받을 일이라고 느낄 수 있도록 도와야 한다. 이는 아이의 정서적 안정을 위해 꼭 필요한 일이다.

성장한 몸, 미성숙한 마음

　　사춘기는 활동과 움직임의 시기다. 새로움과 변화의 때다. 사춘기 아이는 역동적으로 움직이고 광범위한 사회적 행동을 시작한다. 그 과정에서 갈등과 혼란을 겪는다. 새로운 방식으로 생각하고 위험한 일도 서슴지 않으면서 흥미, 성취, 행복을 맛보는 한편 혼돈, 불안, 슬픔, 분열로 좌절도 겪는다. '좋은 어른'으로 성장하기 위한 도전의 시기다. 아이들은 이러한 변화를 자기 몸을 통해 일차적으로 느끼기 시작한다. 마음보다 앞서 사춘기를 향해 달려가는 몸을 보면서 '이제 나도 어른이 되어가는구나' 하는 생각을 한다.

　　초등학교 6학년인 첫째가 자기 친구들과 목욕탕에 갈 때 따라간 적이 있다. 아들 친구 중에 유독 키가 큰 아이가 있었다. 목욕탕에 들어갔는데 성기 주변에 벌써 털이 무성하게 나 있었다. '초등학교 6학년이 벌써?'라는 생각도 잠깐, 당황한 표정을 보이지 않고 아무렇지도 않게 목욕을 끝냈다.

　　집에 와서 첫째가 엄마에게 달려가더니 "경수 고추에 털이 났어요!"라면서 호들갑이다. 마침 옆에 있었기에 "너도 조금 있으면 다 나게 돼 있어. 그게 뭐 대단한 거라고" 하며 타박했지만 한편으로는 '내 아들도 이제 곧 어른이 되겠구나. 아니 어쩌면 이미 어른이겠구나' 하는 생각을 했다. 그리고 내가 말한 방식을 후회

했다. 아무렇지도 않게, 무관심한 척 넘기기보다는 이렇게 말하는 편이 낫지 않았을까.

"축하할 일이네. 어른이 될 준비를 하고 있다는 뜻이니까 말이야."

아이들은 자기 몸을 보면서, 그리고 또래 친구들의 몸을 보면서 어른이 되어가고 있음을, 어른이 되어야 함을 느낀다. 마음은 준비가 안 됐는데 하루가 다르게 성장하는 몸은 '아동과 성인의 중간쯤'이라는 불안정한 위치를 느끼게 해 고민을 부르기도 한다. 부모가 나서서 아이를 격려하며 어른이 되어가는 과정을 축복해줘야 한다.

지금 생각하면 나 역시 사춘기에 접어들면서 몸의 변화에 당황했던 기억이 난다. 중학교 1학년 때 소변을 보다 말고 자기 성기 주변에 거뭇거뭇하게 나기 시작한 털을 자랑스럽게 보여주며 "너는 아직 털도 안 났냐? 아기네, 아기!"라고 비웃던 친구가 어찌나 미웠던지, 또 다른 친구가 호들갑을 떨며 "청계천에 가면 몸에 털 나는 약이 있는 데 그걸 바르면 진짜 금방 털이 난대!"라고 하는 말을 듣고는 용돈을 모아 약을 살까 고민했던 어처구니없던 기억까지, 지금 생각하면 우스운 기억이 많다. 엄마에게 말하기는 부끄럽고, 아빠에게 상담하기는 껄끄러웠기에 혼자서 해결하려다 보니 고민스러웠던 것 같다.

사춘기 아이는 몸의 변화로 인해 정서적으로 불안하고 민감해진다. 한편으로 부모와의 결속을 깨고 자유로워지고자 하는 욕구도 커진다. 이럴 때 부모가 강요성은 높고 반응성은 낮은, 즉 복종을 미덕으로 여기고 아이의 자기의지를 억제하는 강압적인 방식을 사용해서는 안 된다. 아이의 흥미와 사춘기 특유의 표현방식을 적극적으로 인정하고 지지해야 한다. '부모로서의 바람'과 '아이의 자율성' 사이에서 적절한 균형을 잡아야 한다.

하나 더, 사춘기 아이가 아들인지 딸인지에 따라 부모의 합동 대응 전략도 중요하다. 우리 집 셋째는 여자아이다. 막내에다 여자아이, 아빠인 내가 예뻐할 수밖에 없다. 만날 끼고 품고 지냈는데 언제부터인가 아빠의 '뽀뽀'를 거부하기 시작했다. 껴안으려고 해도 건드리지 말라며 화를 버럭 낸다. 아빠인 나, 여자의 성장에 대해 뭘 배워본 적이 있었던가. 스킨십을 하려는 아빠와 거부하는 딸 사이에 신경전이 벌어지던 차에 아내가 나를 불러 한마디 했다.

"아이가 아빠가 자기 건드리는 거 싫대요. 요즘 여자애들은 초등학교 3학년만 돼도 생리하는 애가 있을 정도야. 여자 다 된 거니까 이제 조심해요."

딸이 몸의 변화를 겪고 있다면 아빠는 '무지한 채로' 아이와의 관계를 유지하려 하기보다 아내의 도움을 받아 아이의 상태를 반드시 확인해야 한다.

또한 사춘기 시기의 남자아이를 자녀로 둔 엄마들은 아들이 갑자기 커버려서 징그럽다고 말하기도 한다. 더 나아가 무섭다고 하는 경우도 있다. 어느덧 커진 몸과 굵어진 목소리, 그리고 힘으로 당할 수 없는 신체조건, 게다가 거칠어진 말투에 엄마들은 놀란다. 어떤 경우엔 아이를 컨트롤하기 매우 어려워한다. 이때 엄마는 아빠에게 SOS를 보내는 경우가 많다.

그 시기 남자로서의 삶을 경험해본 적 없는 엄마에게는 아빠의 도움이 절실하다. 그렇다고 아빠의 힘을 과시하며 아이를 윽박지르라는 말이 아니다. 조금은 따뜻한 마음으로, 이제 어른이 될 사내아이와 남자 대 남자로 대화를 이어간다는 생각으로 커뮤니케이션해보자.

우리 아이의 사춘기는 어쩌면 다시는 만나지 못할 아름다운 방황과 성숙의 시간인지도 모른다. 그 시간을 아름답게 가꿀 수 있도록 도와주고 격려하는 부모가 되는 것, 멋진 일 아닌가!

마음 자라기

너는 네 생각보다
훨씬 강하다

네 생각을 말해줄 수 있겠니?

• • •

아이의 생각을 듣는 것은 매우 중요하다. 하지만 다 때가 있다. 어릴 때부터 아이의 생각을 잘 들으려는 노력을 한 부모라면 사춘기에 접어든 자녀와 대화를 잘할 가능성이 크다. 그러지 않았다면 대화하기 어려울 수밖에 없다. 사춘기 이전까지 부모가 강압적이고 억압적이며 지시적·통제적인 대화를 했다면 아이는 가정에서뿐만이 아니라 학교에서도 소통에 어려움을 겪고 있을지 모른다. 소극적으로 듣기만 하거나, 수동적으로 타인의 생각을 흡수하는 데 급급하거나, 이도 저도 아니면 상대의 말에 마음의 문을 닫는 '회피'의 커뮤니케이션을 주로 사용하고 있을 것이다. 타인의 말과 행동이 좋은지 나쁜지, 가늠할 여유도 갖지 못한 채 말이다.

아이를 향한 부모의 대화가 일방적인 형태로 이루어지고, 또 학교에 가서도 수동적인 말하기만 한다면 아이들은 소통에 곤란을 겪는다. 학교생활에 흥미를 잃고, 학업에 무관심해지며, 세상과의 만남을 피하게 된다.

이럴 때 꽤 많은 부모가 (조기)유학이라는 선택지를 찾는다. 아이를 유학 보내고 기러기 아빠, 혹은 기러기 부모가 되기로 결정한다. 암기식 교육이 이루어지는 한국의 현실에 비해 대화와 소통이 원활한 서구 사회의 교육 시스템이 긍정적으로 보이기 때문이다. 내가 겪은 일은 아니니 그렇다고 단정하지는 못하지만 서구의 교육을 경험한 많은 사람이 입을 모아 그 교육 시스템을 인정하는 걸 보면 어느 정도 일리는 있지 않을까 싶다. 2016년 11월 19일자 〈중앙일보〉에 난 사례를 한번 살펴보자.

> 아이는 중학교 2학년 때 미국 유학길에 오른다. 미국 학교에서의 첫 미술 시간. 한국에선 미술 시간만 되면 비슷한 소재로 모든 학생이 그림을 그리고, 교실 뒤편에 전시하기 바쁜데 그곳은 달랐다. 선생님은 끊임없이 질문을 던졌다. "네 생각은 뭐

야? 어떤 방식으로 아이디어를 표현할 거지?" 소년은 큰 충격을 받았다. '왜 내 의견을 중요하게 생각하지?'

지금 당장 유학을 보내라는 말이 아니다. 아이와 떨어져 지낼 자신이 있다면 ―나는 아직 자신이 없다― 그리고 그럴 만큼 자금 여유가 있다면 모르지만 아이 혼자, 혹은 아이와 아내를 외국에 보낸다는 게 아빠 혹은 남편으로서 보통 일은 아니다. 여기서 하고자 하는 말은 학교 혹은 학원이 아이에게 모든 것을 가르쳐 준다고 생각하는 태도를 버려야 한다는 점이다.

학교가 못한 교육을 부모가, 엄마가 미처 손대지 못한 영역을 아빠가 보완할 수 있어야 한다. 물론 학교는 사회적 가치를 배우고 협력과 배려를 습득하는 중요한 장소다. 하지만 소수의 선생님이 다수의 학생을 상대로 일일이 대화해가며 교육하기란 어렵다. 그 부족분을 반드시 부모가 보완해야 한다. 그렇다고 해서 다음과 같은 말투를 사용해서는 안 된다.

"밥 먹으러 가자! 뭐? 아빠가 알아서 맛있는 데 데려갈 거니까 빨리 옷이나 입어!"
"여기 영어학원이 좋다더라 다녀봐. 뭐라고? 수학을 보충해야 한다고? 넌 영어성적이 나쁘잖니!"

아이 생각을 물어볼 여유가 없는, 아니 물어볼 생각조차 하지 않는 부모를 보며 아이는 대화의 문을 닫는다. 그러면 아이는 사춘기의 가장 큰 과제 중 하나인 정체성 확립, 즉 자신이 어떤 존재인지 고민해볼 기회를 얻을 수 없다. 사춘기를 멋지게 돌파하지 못하고 대신 회피적이며 수동적인 소통만 배운다.

부모는 이게 다 아이를 위해 하는 말이라고 생각할 수도 있다. 하지만 듣는 사춘기 아이의 입장에서는 '엄마, 아빠가 가지고 있는 삶의 틀에 왜 너는 아직 못 맞추고 사느냐'고 닦달하는 잔소리로 들릴 뿐이다. 이제 누군가의 아이로서가 아니라 하나의 독립된 사상과 개성을 가진 인격체로 대하며 말해야 한다. 아이 스스로 자신이 얼마나 멋진 인격체인지 알 수 있도록 도와야 한다.

너는 네가 생각한 것보다 훨씬 강하다
...

나는 프로야구를 좋아한다. LG트윈스의 팬이다. 2014년의 일이다. 당시 LG트윈스의 시즌 초반 성적은 형편없었다. 성적은 바닥을 쳤고, 감독은 도중에 교체되었다. 남은 시즌, 희망이 없었다. 그런데 반전이 일어났다. 차근차근 승수를 쌓아가더니 결국 포스트시즌, 즉 가을야구를 할 수 있게 됐다. 준플레이오프에서 예상을 뒤엎고 NC다이노스를 일축했다. 그리고 플레이오프에도 진출했다. 아쉽게도 당시 박병호, 강정호 등이 버티고 있던 넥센 히어로즈에 1승 3패로 지면서 한국시리즈 진출에는 실패했지만 말이다.

3패째를 당하던 날이었다. 간신히 표를 구했다. 잠실야구장에서 직접 관전을 했다. 승부는 초반부터 기울어버렸다. 경기가 종료되는 9회가 왔다. 그때 멋진 장면을 목격했다. 큰 점수 차로 지고 있는데도 LG트윈스 팬들은 한 사람도 자리를 뜨지 않고 마치 승리한 것처럼 응원가를 불렀다. 감동스러웠다. 같은 팬으로서 자랑스러웠다. 옆의 팬들이 예뻐 보였고, 그동안 수고한 선수들에게 감사의 마음이 생겼다.

경기가 끝났다. 졌지만 끝까지 선수들을 격려한 팬들이 운동장을 빠져나가기 시작할 즈음 양상문 감독이 작은 팻말을 하나 들고 덕아웃에서 나왔다. 거기엔 이렇게 쓰여 있었다.

"나는 내가 생각한 것보다 훨씬 강하다."

머리에 뭔가를 한 대 맞은 느낌이었다. 야구는 그냥 스포츠가 아니었다. 삶을 그대로 반영하는, 그래서 지혜를 주는 신념 같은 것으로 다가왔다.

"졌지만, 우리는 지지 않았다. 더 나은 미래를 위해 든든한 주춧

돌을 놓은 것뿐이다. 그래서 우리는 졌지만 이제 더 강해질 수 있다. 약해서 진 게 아니라 졌기에 강해지는 거다."

멋진 말 아닌가. 이 말을 사춘기 아이에게 해줄 수 있었으면 한다. 사춘기 아이들은 많은 좌절을 겪는다. 중학교, 고등학교 시절을 지나며 자기 인생에 대해 고민하는 한편으로 팍팍한 공부 역시 끝도 없이 해야 한다. 매 순간이 경쟁인 시간 속에서 실패를 겪으며 자신에 대한 가치를 스스로 평가절하하기도 한다.

우리는 이런 사춘기 아이들에게 긍정적인 영향을 미칠 수 있는 '자질'을 갖고 있다. 부모라는 존재는 자기 아이에게 어딘가 빼어난 곳이 있음을 믿는다. 아이가 학교 성적을 안 좋게 받아오면 "이럴 줄 알았다"라고 냉소적으로 말하지 않고 "이럴 리가 없다"고 아예 분노를 한다. 그리고 곧 '너는 이런 애가 아니니까 더 잘할 수 있다'고 끝까지 믿는다.

현대 사회의 치열한 경쟁 속에서 실패와 어려움을 겪는 아이들을 격려하자. 아빠 특유의 묵직한 음성으로 아이를 지지해주자. 실패했지만 좀 더 강해지려는 아이를 든든히 받쳐주는 버팀목이 되자. 우리 부모들은 아이 안에 잠들어 있는 잠재력을 믿고 기다리고 응원하는 대화를 해야만 한다.

검사 부모? 변호사 부모!

• • •

한번 되돌아보자.

'아이를 다그쳐서 본의 아니게 내가 의사소통을 방해하고 있지는 않은가?'

부모는 말과 태도로 '평화로운 상태'를 만들어 아이가 스스로 말하고 싶은 분위기를 조성해야 한다. 부모는 자녀의 변호인 같은 존재다. 변호인은 자신의 의뢰인을 범죄자처럼 대하지 않는다. 아이는 범죄자가 아니다. 그러니 아이와 이야기할 때는 증인의 허위 진술을 밝혀내려는 법정의 검사처럼 말해선 안 된다. 옳고 그름을 가리는 판사처럼 말해도 안 된다. 오직 의뢰인을 진심으로 도와주려는 변호인처럼 말해야 한다.

취조하듯 따지고 묻고 분석하는 것은 올바른 태도가 아니다. 아이 입장에서 공감해야 한다. 그래서 아이가 마음의 문을 열고 부모를 신뢰할 수 있어야 한다. 이 부분은 특히 아빠들에게 더 요구된다. 엄마들과는 다른 형식과 내용의 말을 할 수 있어야 한다. 늘 옆에 있기에 아이에게 세심하게 혹은 꼬치꼬치 캐묻는 습관이 생긴 엄마의 말과는 달라야 한다.

현명한 아빠는, "넌 언제 철이 들래?" 또는 "몇 번이나 말해줘야 알겠니?" 같은 말을 하지 않는다. 우리 아이들은 이렇게 말하면 말하는 방식만이 아니라 내용 때문에도 기분 나빠한다. 결국 대화의 문이 닫힌다. 사춘기 아이에게 필요한 것은 과도한 염려나 기대가 아니라 오직 이해다. 그리고 따뜻한 시선을 바란다.

사춘기 자녀와의 원활한 의사소통은 불가능하지 않다. 대화의 내용과 형식을 필요에 따라 조정해나가자. 성경에 "듣기는 신속히 하고, 말하기는 더디 하고, 노하기도 더디 해야 한다"는 말이 있다. 우리 아이들과 대화할 때 참고할 만한 문구다.

특히 잘 듣기를 게을리 하지 말자. 아이가 확신 없어할 때는 부모가 아이를 대신해 변호사처럼 변론하면서 자존감을 챙겨주자. 아이의 행동과 말을 함부로 평가하기보다 아이의 말 중에서 자신을 자랑했던 부분이나 혹은 스스로를 긍정적으로 평가한 부분을 하나하나 기억해두었다가 짚어가며 격려하자. 부모가 이런 노력을 하면 사춘기 아이는 세상에 나를 믿고 인정하는, 그리고 나의 이야기에 귀 기울이는 존재가 있으며, 그 사람이 다름 아닌 내 가족이란 사실을 새삼 발견할 것이다.

응원의 정석

승부에 졌을 뿐,
네가 약한 건 아니다

아이는 최선을 다했다

...

우리는 내 힘으로 어쩔 수 없는 상황과 맞닥뜨릴 때 두려움에 빠진다. 이럴 때 우리는 대체로 자기 자신을 탓한다. 내가 약해서, 내가 나쁜 짓을 해서, 내가 못나서 이런 일이 벌어졌다고 생각한다. 그러나 이는 사실과 다르다. 세상에 온전히 나만의 잘못으로 빚어진 상황은 극히 드물다. 내 잘못과 다른 사람의 잘못을 구분해서 내가 책임질 것만 감당하면 되는데, 자신이 감당할 필요 없는 의무감이나 정당하지 않은 죄책감에 빠져서 불필요하게 두려움을 느낄 때가 많다.

문제는 부모들이 자녀들에게 감당할 수 없는 것까지 강요하는 말을 할 때가 많다는 데 있다. 어린아이라면 아빠가 잔소리를 해도 '그런가 보다' 하고 감내하겠지만 사춘기 아이에게는 '나의 최선을 부정하는 어떤 아저씨의 말'처럼 들리기 쉽다. 이를 모르는 부모들은 착각한다.

> '그래도 아이에 대한 애정이 있으니까 잔소리하는 거지. 다 지들 잘되라고 하는 건데!'

천만의 말씀이다. 잘되라고 하는 소리가 아이에게는 언어폭력에 불과함을 깨달아야 한다. 아직도 이해되지 않는가? 사랑의 말이라고 생각하는데 왜 언어폭력이라고 하는지 궁금한가? 다음 사례를 보라.

어느 대학병원 암센터에 한 남성 환자가 암 진단을 받고 입원했다. 이미 암이 상당히 진행된 터라 마땅한 치료법이 없었다. 그런 그가 입원 도중에 갑자기 정신건강의학과를 찾았다. 무슨 고민이 있었던 걸까? 삶에 대한 욕망, 치료에 대한 막막함, 남은 생에 대한 아쉬움? 아니었다. 자기 어머니의 잔소리가 가장 큰 고민거리였다. 어머니가 하루 종일 옆에 붙어서 "몸에 좋으니 입맛에 맞지 않아도 먹어라", "운동을 왜 안 하느냐", "햇볕을 쬐어야 병이 낫는다" 등의 말을 하는데 다 잔소리로만 들리기 시작했고 그게 너무 괴로워 견딜 수 없다는 것이다. 어머니의 애정 어린 잔소리가 자식에게는 공포를 유발하는 언어폭력이었던 셈이다. 말기 암 이상의 공포를 주는.

우리 아이들 역시 같은 상황이 아닐까? 아이는 어쩌면 늘 일상에서 최선을 다하고 있는지도 모른다. 그런데 우리는 아이의 최선에는 별다른 관심이 없다. 오로지 어른의 눈으로 사춘기 아이를 바라보고 그 틀 안에서 아이의 모든 말과 행동에 사사건건 간섭하며 교정하려 한다. 최선을 다하고 있는 아이에게 아빠는 도대체 어떤 사람으로 비춰지고 있을까?

아이는 나와 사고방식이 다른 사람이다. 엄연한 별개의 인격체다. 부모라고 해서 자신의 믿음을 강요할 권리는 없다. 부모의 논리로 아이를 궁지에 몰아넣으면 아이가 그 의견을 받아들일 것이라는 순진한 믿음, 아니 착각에서 벗어나야 한다.

하나 더, 사춘기 아이를 뒀고 이제 중년에 접어든 아빠라면 자기 잔소리를 대수롭지 않은 일상적 언어습관으로 여겨서는 곤란하다. 은퇴한 남편을 둔 여성들이 정신의학과를 찾아가 호소하는 어려움 중의 상당수가 '시시콜콜한 남편의 잔소리'란다. 가랑비에 옷 젖듯 잔소리도 지속적으로 반복되면 다른 언어폭력처럼 우울증, 불안장애, 급성 스트레스증후군을 유발한다.

그렇기에 아빠의 잔소리 습관은 지금 사춘기를 겪고 있는 아이를 위해, 또한 평생 동반자인 아내와의 미래 관계를 위해 지금 당장 억지로라도 고쳐야 할 악습이다. 아이를 위해, 아내를 위해, 궁극적으로는 아빠인 나 자신을 위해 반드시!

나는 사춘기 아이에게 어떤 아빠일까?
• • •

다음 괄호 안에 들어갈 말을 아이의 관점에서 생각해보라.

"나의 아빠는 (　　　)이다."

나나 당신이나 사춘기 아이에게 듣고 싶은 말은 비슷하지 않을까 싶다. 우선 내가 듣고 싶은 괄호 안의 말은 이렇다.

마음을 잘 읽어주는 사람
사랑을 주는 사람
칭찬을 많이 해주는 사람
친구 같은 사람
항상 나를 믿어주는 사람

이런 말을 듣고 싶다는 건 아이에게 그러한 아빠가 되고 싶다는 것과 마찬가지일 것이다. 하지만 과연 사춘기 아이들도 아빠를 이렇게 좋게 봐줄까? 한 방송에서 40대 아빠를 둔 중학생에게 '나의 아빠는 ( )이다'라는 질문을 던져서 답을 받았는데 그 결과가 충격적이었다.

야행성
잘난 척 왕 (예 : "내가 어렸을 땐 이렇게 했었다"라고 말한다)
잔소리 킹
일개미
밤늦게 들어와 얼굴 못 보는 사람
가끔 용돈 주는 사람
지치지도 않고 새벽에 나가서 밤에 들어오는 슈퍼맨

슬픈 결과다. 도대체 우리 아빠들은 무엇을 위해서 일하고 있는가?

사춘기 아이에게 인정을 허하라
• • •

아이들은 인정받기 위해 노력한다. 뭔가 잘한 일이 있으면 그걸 꼭 이야기하려고 한다. "아빠, 수학시험 100점 받았어요!", "오늘 달리기에서 1등 했어요.", "어려운 레고를 벌써 다 맞췄어요." 우리 아빠들은 고작 "응, 그래?", "그게 뭐 대단한 일이라고" 등의 반응으로 무심하게 넘어간다. 세상에 나갈 준비를 하는 아이들이 실패와 성공을 반복하면서 느끼는 인정욕구를 일방적으로 무시하면서.

한 심리학자는 "어린 시절에는 인정을 많이 받아야 좋다. 어린 시절에 부모나 주변 사람들로부터 충분히 인정받지 못하면 성인이 돼서도 인정받기 위해 전전긍긍하게 된다"고 조언했다. 인정받은 경험이 결핍되면 다른 사람에게 인정받기 위해 안달복달하게 될 뿐만 아니라, 남을 인정하는 데도 인색해져 인간관계가 힘들어진다. 그러니 부모는 아이가 앞으로 있을 수많은 경쟁에서 실패하더라도 곧 일어설 수 있는 힘을 갖도록 무한히 인정해줘야 한다. 인정할 것이 없으면 찾아서라도 악착같이 인정해주는 게 좋겠다.

인정하는 말과 행동 자체를 쑥스러워하고 어색해하는 부모들도 많다. 또한 "잘했어! 오늘 수학 100점 맞았다면서!" 하며 결과에 대해서만 긍정적 평가를 내리는 것을 인정의 전부라고 생각하는 경우가 대부분이다. 하지만 이는 뭔가 부족한 인정이다. 제대로 인정하려면 다음과 같이 말해야 한다.

"어떻게 이렇게까지 공부를 했지? 아빠는 미처 생각도 못했다. 네가 얼마나 노력했는지 눈에 보이는 것만 같아."

사춘기 아이는 나와 핏줄을 나눴지만 공통의 화제는 가장 빈곤한 사이인지도 모른다. 사실 서로의 삶에 대해 잘 모른다. 모르면 서로 간섭하거나 훈계하지 않는 것이 인간관계의 기본 룰이다. 하지만 오직 가족이라는 이유만으로 모르면서도 서로 안다고 착각하고 간섭하려다 보니 아이와 갈등이 생겨난다. 그러니 사춘기 아이에게 함부로 강요하기 전에 따뜻한 인정의 말투로 대화를 시작하자. 간섭이 아닌 인정으로 대화할 때 부모의 힘은 극대화된다. 이왕이면 결과만이 아니라 이를 일궈낸 과정을 적극적으로 인정해준다면 더욱 좋은 부모로 등극(!)할 수 있지 않을까?

봄의 말, 칭찬!

아이는 사계절로 따지면 봄과 같은 존재다. 봄에 어울리는 아이들에게는 봄 같은 말을 해야 한다. 봄 같은 말이 뭐냐고? 바로 칭찬이다. 허준은 《동의보감》에서 "봄은 만물이 소생하고 번영하는 때로서 이때는 만물에 대해서 살리되 죽이지 말며, 주기는 하되 빼앗지는 말며, 상은 주되 벌을 주지 말아야 한다"고 말했다. 봄을

닮은 우리 사춘기 아이와 어떻게 대화해야 할지에 대해 충고하는 말인 것 같다.

봄에는 '생겨나는 만물을 살리고, 상을 주는' 말, 즉 '칭찬'이 어울린다. 칭찬은 '다른 사람의 좋고 훌륭한 점을 높이 평가하는 말'이다. 그런데 그러기가 생각만큼 쉽지가 않다. 생각해보라. 우리는 칭찬에 익숙한가? 혹시 어른으로서 최근에 칭찬을 '들은' 기억이 있는가? 반대로 누군가에게 칭찬을 '한' 기억이 있는가? 거의 없을 것이다.

칭찬은 수많은 대인관계 기술 중에서도 동기유발, 자신감 증진, 성과 창출 등을 이루는 최고의 무기라는 연구결과가 있음에도 실제로 칭찬을 하거나 듣는 경우는 많지 않다.

아이를 향한 봄의 언어인 칭찬은 배우고 표현해야 할 중요한 커뮤니케이션 수단이다. 칭찬을 어떻게 해야 할지 모르겠다면 다음의 3단계를 기억하자.

1단계 아이가 잘한 사실에 대해 칭찬한다.
"우리 민영이는 알아서 방 정리를 잘하는구나!"

2단계 1단계에서 한 칭찬의 이유를 두세 가지 정도 말해준다. 이때는 아이가 한 특정한 행동을 구체적으로 말해야 한다.
"책상도 잘 정리돼 있고 옷장도 깨끗하게 관리돼 있어서 그런 생각이 들었네."

3단계 2단계에서 언급한 행동이 어떻게 나왔는지를 생각하고 그 특성을 칭찬한다.

"이렇게 하려면 정리하는 습관이 잘 들어 있어야 할 뿐만 아니라 평소에 집안일을 돕겠다는 마음까지 있어야 할 거야. 민영이는 좋은 습관을 가진 것 같아."

어렵지 않다. 충분히 할 수 있다. 당장 해보길 바란다.

마지막으로, 칭찬할 때 주의할 점 두 가지만 기억하자. 첫째, 칭찬은 20초 이내로 끝내라. 칭찬이 길어지면 아이가 듣기에도 오글거리거나 지루할 수 있다. 그러니 임팩트 있게 칭찬하라. 둘째, 특별한 것을 칭찬하려 하지 마라. 당연한 것을 칭찬해야 칭찬 능력이 있다고 할 수 있다. '작고 당연한' 사실을 칭찬하다 보면 아이는 자신감이 생기고 모든 일에 긍정적으로 다가설 수 있다.

사람은 누구나 사랑받고 싶어한다. 대단한 사랑이 필요한 게 아니다. 사소한 사랑에 더욱 목말라한다. 지금 당장, 아이에게 좀 더 깊은 관심을 가져보자. 그리고 작고 보잘것없는 것을 찾아내 사랑의 언어인 칭찬으로 표현해보자. 봄 같은 아이에게 봄의 언어인 칭찬을 해서 사춘기를 자신감 있게 누리게 해주자.

아이 맞춤 자존감 회복 프로젝트

・・・

사춘기 아이는 자신이 뭘 좋아하는지 차츰차츰 분명하게 알아간다. 엄마는 늘 가까이에서 아이와 시간을 보내기에 정작 아이가 무엇을 좋아하는지 잘 모를 때가 있다. 그동안 아이와 함께한 시간을 토대로 형성된 주관적 선입관이 작동해서 객관적인 시각으로 바라보기 어렵기 때문이다. 아빠는 좀 다르다. 지금까지는 멀리서 보고 있었지만 본격적으로 아이에게 관심을 가지면 엄마와는 다른 관점으로, 어쩌면 보다 객관적인 시각으로 아이를 볼 수 있다. 아빠가 해야 할 일 중의 하나가 바로 사춘기 아이가 좋아하는 것을 있는 그대로 봐주는 것이다.

자아가 뚜렷해지면서 아이는 호불호가 명백해진다. 네 편과 내 편을 구분한다. 자신이 무엇을 할 때 즐겁고 무엇을 싫어하는지도 확실히 파악한다. 사춘기 아이를 대하는 부모에게 각자의 소임이 있다면 아빠는 아이가 좋아하는 일을 찾아내는 역할을 맡아야 한다. 만약 아이 스스로가 자신이 무엇을 좋아하는지 모르고 있다면, 방황하고 있다면, 그것을 찾아낼 수 있도록 도와야 한다. 좀 더 욕심을 내자면 아이가 자신이 좋아하는 일에 몰두하도록 지원해야 한다.

요즘에는 일반적으로 사춘기가 초등학교 6학년 때쯤 시작된다고 본다. 그때 몸은 물론 마음까지 급격하게 변화한다는 말이다. 나는 중학교 2학년이 지나서야 비로소 사춘기가 온 것 같은데, 역시 요즘 애들이 빠르긴 하다. 얘기를 들어보니 초등학교 선생님들 중에서 6학년 맡기를 기피하는 분들이 꽤 된단다. 사춘기에 접어들면서 반항을 많이 하고 엇나가는 행동을 하기 시작하기 때문이란다.

예를 들어 선생님의 충고나 훈계를 받아들이기보다는 자신의 감정을 앞세워 대들거나 반항을 한다고 한다. 이렇게 자기 생각이 뚜렷해지는 사춘기 시기일수록 세심하게 아이들을 돌봐야 한다. 아이가 갑자기 변한 것 같다고 윽박지르거나 생활을 통제하고 제약하면 역효과만 난다.

아이의 자존감을 찾아주는 대화를 시도해야 한다. 사춘기 아이가 자신이 좋아하는 일을 찾고 잘해볼 수 있도록 지원하는 것이 좋은 방법일 수 있다. 좋아하는 것을 찾고 거기서 작은 성취를 이룰 때 자존감은 높아진다. 아이가 그 길을 찾을 수 있도록 우리 부모가 도와야 한다.

야구선수가 되고 싶어요
...

나를 닮아서일까. 우리 집 아이들은 야구를 좋아한다. 아들인 첫째와 둘째는 물론, 딸인 셋째까지 말이다. 잠실 야구장에서의 야구경기 관람은 아이들이 가장 좋아하는 이벤트 중 하나다. 좋아하는 선수도 보고, 경기도 즐기고, 게다가 야구장 매점에서 파는 과자와 아이스크림도 실컷 먹을 수 있는 기회이니 좋아하지 않을 수 없긴 하겠다. 그러던 언젠가의 일이다. 둘째가 공부한다고 책상에 앉아 열중하고 있었다. 기특했다. 옆에서 격려해주고 싶었다.

"이렇게 열심히 공부하니까 곧 훌륭한 사람이 되겠다. 그래, 성공하는 사람이 되고 싶으면 우선 공부를 잘해야지. 너의 잠재력을 펼칠 수 있는 기회를 만드는 거야."

좋아할 줄 알았다. "네, 아빠. 열심히 공부해서 성공할 거예요!"라는 대답을 기대했다. 하지만 공부하던 아이, 한숨을 푹 쉬더니 이렇게 말하는 게 아닌가.

"아빠, 나는 공부로 성공할 자신이 없어요. 나는 야구선수가 되고 싶어요. 야구 하면 잘할 수 있을 것 같아요."

이 대답을 어떻게 생각하는가? 사춘기 초입에 있는 이 아이에게 뭐라고 말해주고 싶은가? 나는 당황스러웠다. 야구선수? 아무나 하는 게 아니지 않은가. 재능도 있어야 하고, 체력도 남달라야 한다. 그뿐이랴, 공부 저리 가라 할 정도로 부모의 지원이 많이 필요하다. 투입되는 돈도 상당하다고 한다. 그런데 야구를 좋아한다고 해서 공부 대신 야구를 하겠다니, 황당했다. '학생이 하라는 공부부터 해야지!'라고 윽박질러야 하나, 아니면 '그래? 야구선수 해볼래?'라고 마음에도 없는 소리를 해줘야 하나?

솔직히 나는 "말도 안 되는 소리 하지 마라. 야구는 아무나 하니?" 하면서 더 이상 대화를 진행하지 않았다. 뜻밖의 말에 당황해서 '회피'를 택했던 것이다. 지금이라면 그러지 않을 것 같다. 사실 둘째도 공부가 중요하지 않다고 생각하지는 않았을 것 같다. 다만 지금 공부하며 어려움을 겪고 있기에, 아빠의 말을 듣기 바로 전에 엄마에게 "공부 좀 해라!" 하는 질책을 받았기에, 공부라는 단어 자체에 짜증이 났던 거다.

아이는 어쩌면 아빠에게 투정을 부리고 싶었을 것이다. 자기는 투정했을 뿐인데 아빠가 대뜸 화부터 냈으니 오히려 당황스러웠을지도 모르겠다. 아빠가 자신을 사랑하고 아껴주니 그렇게 말할 수 있었을 텐데 말이다. 아이는 아빠인 나를 무시한 게 아니라 긴장하지 않았을 뿐이다. 자신도 인정을 받고 싶은데 공부만으로는 지금 당장 힘드니까 야구라는 엉뚱한 주제를 끌어들였을 뿐이다. 그런 아이의 마음을 알아채고 달래기는커녕 단순하게 반박하고 회피하다니, 아빠 자격 미달이었다. 지금의 나라면 이렇게 말할 것이다.

"그래, 공부하는 거 쉽지 않지? 지금도 충분히 잘하고 있어. 더군다나 점점 더 나아지고 있다는 걸 아빠는 알고 있어. 네가 좋아하고 잘하는 야구만큼 공부도 좋아하고 잘할 수 있을 거야. 걱정하지 마!"

아이의 마음을 미루어 헤아린 후 대화해야 한다. 아이의 자존심을 회복시키는 대화에 익숙해져야 한다. 아이의 말에 즉각적으로 '일희일비'하지 말고 아이 마음속에 있는 상처를 찾아내고 또 치료해줄 수 있어야 한다. 아이가 좋아하는 것을 알아차리고 또 그것을 잘하도록 독려하기, 사춘기 아이를 둔 부모가 시도해야 할 대화법이다.

6장

"위로가 되는 대화법"

부모의 아픔

아이의 '성장통',
부모의 '성숙통'

마음을 털어놓는다는 것

...

아이의 성장은 집 밖에서만 이루어지지 않는다. 학교에서, 학원에서의 배움이 전부는 아니다. 집에서 이루어지는 교육이 더 중요하다. 집에서도 몸과 마음은 성장한다. 성장이란 하나의 틀을 벗고 새로움으로 나서는 일이다. 그 과정에서 필연적으로 고통이 따른다. 이를 흔히 '성장통'이라고 부른다.

부모는 어른이다. 어른은 변화가 없을까? 아니다. 성장과는 다른 '성숙'이라는 변화를 겪는다. 어른은 좀 더 나은 사람으로 나아가는 성숙의 노력을 할 때 비로소 어른답다. 부모의 성숙은 사회 속에서만 이루어질까? 그렇지 않다. 평소 그리 중요하지 않다고 생각하는, 늘 곁에 있기 때문에 자신의 성숙과 아무런 관계가 없다고 생각하는 가정이야말로 성숙에 중요한 장소다.

우리는 보통 집에서의 성장과 성숙을 무시한다. 쉽게 여긴다. 이제 생각을 달리해야 한다. 아이가 '성장통'으로 고생하고 있고, 부모가 '성숙통'을 겪고 있다면 그 고통의 근원을 학교나 사회가 아닌 가정에서 찾아보려는 노력이 필요하다. 다른 곳에 눈 돌리기 전에 우선 가정에서의 자기 위치부터 확인해야 한다는 말이다.

집에서는 서로가 신뢰하며 마음을 털어놓을 수 있는 대화 시스템이 작동해야 한다. 가정에서조차 마음 터놓고 말하지 않는 아이와 부모에게 성장통과 성숙통은 오로지 고통으로만 느껴질 수밖에 없다. 어떤 생각을 하고, 어떤 지향점을 지니고 있는지, 그곳으로 가기 위해 무엇을 해야 하는지, 어떤 어려움을 겪고 있고, 서로 무엇을 도와야 할지 터놓고 이야기 나눌 수 있어야 한다. 성장과 성숙의 고통이 결국 아름다운 결말을 맺으려면 부모와 아이가 가정에서 자기 마음을 털어놓을 수 있어야 한다. 가정에서조차 빈말이 난무해서는 곤란하다.

한 번만 솔직하게 사과할 수 있다면

...

아이가 하루 종일 방에 틀어박혀 컴퓨터 게임에만 몰두하고 있다. 엄마 말을 듣는 둥 마는 둥, 반응도 안 한다. '이럴 때는 아빠가 나서야지!'라고 생각한 당신, 아이 방문을 열고 들어갔다. 아이는 아빠가 들어왔는데도 힐끗 한번 쳐다보고는 게임만 계속한다. 화가 나서 "언제까지 이러고 있을 거야!"라고 소리를 꽥 질렀더니 아이가 "에잇" 하면서 옷을 대충 걸치고 현관문을 나서려 한다. 화가 난 아빠가 말한다.

아빠 : 이 한심한 놈아, 쓰레기 같은 자식아! 너 같은 놈은 나가 죽어야 해!

뒤돌아서 아빠를 보며 서늘한 눈빛으로 대답하는 아이의 말에 아빠는 귀를 의심한다.

아이 : 정말 아빠가 말한 대로 할까요?

결론부터 말하자. 너무 어이가 없어진 아빠는 방 안에 들어가서 기도를 했단다. 다시는 아이에게 함부로 욕하거나 험한 말을 하지 않겠다고. 하루, 일주일, 그리고 한 달이 지날 때까지 그 약속을 잘 지켰다. 아빠가 욕을 하지 않으니 이상하기도 하고 미안하기도 했던 걸까, 아빠 눈치를 보던 아이가 물어보더란다.

아이 : 아빠, 왜 욕을 안 해요?

이때 아빠는 자신이 심한 말을 했던 것에 대해 용서를 구했단다. 미안하다고, 다시는 그러지 않을 거라고. 진심을 다해서 말이다. 조용히 듣던 아이의 눈에 눈물이 맺혔고 이렇게 말하더란다.

아이 : 아빠, 고마워요. 하지만 생각해보세요. 저에게 한 번이라도 칭찬해준 적 있어요?

그 말을 듣고 아빠가 진심으로 미안함을 표현하자 그때부터 아이가 변하기 시작했다고 한다.
한 개그우먼이 겪은 아들과의 일을 각색한 이야기다. 그녀는 이런 대화가 오가는 동안 아이의 소중함을 알았고, 또 그 과정에서 자신도 아이와 함께 성숙해졌다고 한다. 다행이다.
가끔은 자녀가 실망감을 안겨주고 서운하게 해도 절대 아이에 대한 끈을 놓아서는 안 된다. 포기해서는 곤란하다. 아이는, 그렇다, 여전히 착하고 사랑스럽다. 사춘기에 접어들면서 갑자기 달라졌다고 해서 당황하지 말고 그럴수록 더욱더 아이의 아픔에 공감해야 한다. 어려움을 함께 극복하려고 노력해야 한다. 이는 오로지 사춘기 아이의 몸과 마음의 변화를 염두에 둔 대화로써만 가능하다.

대화란 그저 서로 이야기 나누는 것만이 아니라 그 이상의 가치가 있다. 대화를 통해 우리는 다른 사람에게서 뭔가를 배우기도 하고 자신에 관해 알리기도 한다. 그런데 사춘기 아이들은 자기 자신에 관해 남에게 알리는 것을 어색해한다. 아무리 성격이 활달한 아이라고 해도 사춘기에 들어서면 갑자기 내성적으로 변하는 경우가 허다하다.

한 심리학 전문가는 "사춘기 아이들은 마치 관객들 앞에서 사정없이 쏟아지는 눈부신 조명을 받으며 무대에 서 있는 배우처럼, 자신이 늘 모든 사람에게 주시받고 있다고 느끼는 상황에 처해 있다"고 말했다.

남의 이목을 꺼리는 대부분의 사춘기 아이들은 그런 시선을 받기보다 차라리 무대의 막을 내리고 부모가 쉽게 들어갈 수 없는 자신만의 세계로 숨어버리는 선택을 하기 쉽다. 보통 아빠들이 아이와 그 내용을 떠나서 대화 자체를 하기 힘들어하는 이유다. 이런 아이들에게 가시 돋친 말을 했다면 먼저 사과할 줄 알아야 한다. 자신의 말이 아이에게 얼마나 상처를 줬는지 생각하면서 말이다.

기다리기 힘들지만 기다려야 하는 이유

사춘기에 접어들면 독립 욕구가 강해진다. 피할 수 없는 일이다. 자녀는 성장하고 있으며, 그 성장에는 가족의 울타리를 벗어나 홀로 서는 과정이 포함되기 때문이다. 사춘기 아이들의 말을 잘 살펴보라. 자신의 영역을 침범하지 말라는 투의 짧은 단문이 대부분이다.

"알아서 할 테니까 신경 쓰지 마세요."
"그냥 좀 내버려둬."
"짜증 나."
"귀찮아."

이 말을 일방적인 소통 거부라고 생각하면 오산이다. 자신의 영역을 지키는 동시에 새로운 형태의 소통을 원한다는, 다시 말해 부모가 제시하는 일방적인 소통 형태를 거부한다는 뜻임을 알아야 한다. 사춘기 아이가 독립을 원하는 말투를 사용한다면 그 저항에 맞서기보다 '아, 이제 내 아이가 엄마, 아빠의 도움이 정말로 필요한 때가 되었구나!'라고 깨달아야 마땅하다. 그 어느 때보다도 부모의 도움이 절실한 시기가 왔음을 알아채야 한다.

사춘기에 접어든 청소년은 남에게 자기 생각을 말하기 전에 혼자 곰곰이 생각해보기를 선호한다. 성숙을 향해 가는 과정이다. 이때 부모는 기다릴 수 있어야 한다. 아이의 말이 부모가 원하는 수준에 못 미치더라도 기다려야 한다. 전문가들은 3초를 기다려라, 10초를 기다려라 하는 식으로 조언한다. 그런데 내 경험에 의하면 최소한 1분 이상은 미소를 지으며 아이를 바라볼 수 있어야 한다. 그 정도 여유가 필요하다. 기다리는 동안 아이의 감정 상태가 어떤지를 헤아려야 한다.

사춘기 아이의 말에 섣불리 대응하려다가 대화 자체를 단절시키는 우를 범하지 마라. 시간 여유를 두고 생각하면서 상황을 객관적으로 바라본 후에 대화를 이어나가자. "왜 그랬냐?"고 이유를 따져 묻기보다, 언성을 높이며 비난하기보다, 아이에게 발생한 문제의 해결책을 지금 당장 찾겠다고 아이를 닦달하기보다, 잠시 기다려주는 여유가 필요하다.

그러려면 우선 관찰해야 한다. 아이의 이야기를 들으면서 아이와 자신의 감정을 찬찬히 관찰하기만 해도 언어폭력의 소용돌이에 휘말리지 않을 수 있다. 부모 자신의 페이스를 유지할 수 있다. 아이의 말을 들어주는 기다림, 아이의 감정을 헤아리는 기다림, 자신의 감정에 대해서도 고민해보는 기다림이 필요하다. 어려워도 기다릴 줄 아는 여유가 자녀와의 대화를 원활하게 만든다.

퀄리티 타임

얼마나 '오래'는 의미 없다

"나는 주말에 아이와 다섯 시간 함께한다"

· · ·

다음 질문에 대답해보자.

[질문 1] 주말에 자녀와 함께 보내는 시간은?

① 5시간 이상

② 3시간~5시간

③ 2시간~3시간

④ 1시간~2시간

⑤ 1시간 미만

[질문 2] 자녀교육에 대한 관심도는?
① 매우 관심 있다.
② 관심 있는 편이다.
③ 보통이다.
④ 관심 없는 편이다.
⑤ 전혀 관심 없다.

당신이 만약 두 가지 질문에 대한 답으로 모두 ①을 선택했다고 해보자. 그렇다면 당신은 자녀교육에 적극적으로 참여하는 아빠일까? 아이에게 진정한 관심을 기울이는 아빠일까? 당연한 걸 왜 묻느냐고? 주말에 다섯 시간 넘게 아이와 함께 시간을 보내고, 자녀교육에 매우 높은 관심을 지니고 있으면 당연히 그런 것 아니냐고? 다시 한번 질문을 보고 오류를 찾아보라. 아직도 잘 모르겠는가?

위의 질문은 한 언론사에서 30~50대 아빠 100명에게 "자녀교육, 얼마나 참여하시나요?"라는 질문으로 설문조사한 내용이다. 개인적으로 [질문 1]에 대한 아빠들의 답변을 보고 놀랐다. 다섯 시간 이상을 자녀와 함께 보낸다는 아빠가 61%였다. 61%! 이어지는 [질문 2]에는 매우 관심 있다가 29%, 관심 있는 편이다가 41%로 합하면 70%에 이르렀다. 주말에 자녀들과 이렇게 많은 시간을 함께하고 자녀교육에 이처럼 지대한 관심을 두고 있는 아빠가 많다면 세상 모든 엄마들이 말하는 '육아에 소극적인 아빠'는 누구를 말하는 걸까?

누구를 보고 있는가
...

이상했다. 주말에 다섯 시간을 자녀와 보낸다면 토요일, 일요일 각각 두 시간 이상씩 자녀와 함께한다는 뜻이다. 하루 두 시간을 자녀와 함께한다? 내가 나 자신에게 관심이 많은 사람이라서 그런지 몰라도 두 시간을 자녀와 '온전히' 보내기란 내게 쉽지 않은 일이다. 몇 년 전부터 아이와의 대화법, 인성교육에 대한 책을 쓰다 보니 '아차!' 싶어서 아이들과 함께하는 시간을 늘리긴 했지만 말이다.

그렇다면 이 조사결과는 거짓일까? 의문은 곧 풀렸다. 자녀와 함께 보내는 시간에 아빠들은 아이와 눈을 마주치는 대신 TV에 시선을 두고 있었다. [질문 1]과 [질문 2]에 이어지는 [질문 3]에 대한 응답 통계를 보고 알았다.

[질문 3] 나는 아이와 이렇게 시간을 보낸다.

① TV를 보거나 오락을 한다.

② 캠핑, 여행 등 야외활동을 한다.

③ 숙제 등 교과 공부를 도와준다.

④ 축구, 농구 등 스포츠 활동을 하거나 경기를 관람한다.

⑤ 함께할 시간이 없다.

당신은 몇 번을 선택했는가? 조사에 따르면 TV를 보거나 오락을 하는 사람이 30.2%로 가장 큰 비율을 차지했다. 그걸 '아이와 함께 보낸 시간'이라고 말한다. 아이를 바라보지 않고 TV만 뚫어지게 봐놓고도 그걸 자녀와 함께한 시간이라고, 자녀교육에 참여한 것이라고 생각한다는 거다. 착각도 이런 착각이 없다.

100명 중에 60명이 주말에 자녀와 함께 다섯 시간 이상을 보내지만 그중 자녀에게 '매우' 관심 있는 아빠는 30% 남짓이니까, 솔직히 '관심 있는 편'이라고 응답한 아빠는 관심 없는 거나 마찬가지니까 제외한다면 60명 중에서 30%인 18명이 자녀교육에 시간을 내는 아빠일 것이다. 여기에 TV를 보거나 오락을 하면서 아이와 시간을 보내는 사람이 30%니까 ─스마트폰을 보면서 시간을 보낸다는 항목은 조사에서 제외되었으니 이 수치 역시 더 높아져야 하지만─ 이를 제외한 70%의 아빠들만이 아이들 교육에 참여하는 셈이다. 그러면 18명 중 70%인 13명 정도만이 제대로 아이와 함께하는 시간을 갖는다고 봐야 한다. 자, 이제 당신에게 질문할 때가 되었다.

"당신은 100명의 아빠 중 13명 안에 드는 사람인가?"

당신이 보통 아빠 100명 중 아이의 육아에 '진심으로' 관심을 쏟는 상위 13명 안에 드는 아빠였으면 좋겠다. 아이와 함께 시간을 보내고 있다고 착각하면서 옆에 있는 사춘기 아이에게 다음과 같은 말을 하는 아빠가 아니기를 바란다.

"아빠, TV 보고 있잖니. 조금 있다 와서 말해라."
"아빠 스마트폰 하고 있는 거 안 보이니? 날씨도 추운데 밖에 나가긴 왜 나가려고?"
"오늘은 그냥 집에서 쉬자. 아빠가 이번 주에 너무 힘들었거든."

당신의 이런 말이 사춘기 아이에게 어떤 의미로 다가갈지 생각해볼 일이다.

부모의 자격은 아이와 '진심으로 함께한' 시간의 총량이다

교육은 가정에서 시작된다. 사회 구성원 모두가 이러한 인식을 가져야 한다. 하지만 과연 우리 부모들이 사회적 책임감을 갖고 인성이 올바른 자녀로 키우겠다고 생각하고 있는지는, 그렇게 행동하고 있는지는 의문이다. 부모와 자녀 간의 이해와 소통, 건강한 관계 형성은 부모가 얼마나 역할을 올바르게 하고 있는지를 가늠하는 척도다.

문제는 생각만 그렇게 할 뿐 실제로는 아이와 진심으로 함께하는 시간이 부족하다는 데 있다. 특히 아빠는 더욱 그러하다. 아이와의 관계에서 아빠의 선택권이 점점 줄어드는 이유는 '아이의 욕망을 모르고서는 아이의 운명을 결정할 권리 역시 없다'는 당연한 이유에서 비롯된다.

아이가 여린지 강한지, 버릇없는지 공손한지, 비겁한지 용감한지 등에 대해 아무것도 모르는 아빠가 아이의 욕망을 읽어내고 적절히 지도하기란 쉽지 않다. 양적으로 보자면 아이와 함께하는 시간이 엄마에 비해 절대적으로 부족하다. 그렇다면 아빠는 우선 아이와 함께하는 얼마 안 되는 시간에 전력으로 아이의 욕망을 읽어내고, 그에 반응하며, 함께 대화할 수 있도록 무조건적인 노력을 기울여야 한다. 그런데 실상은 어떠한가? 아이와 진심으로 대화를 나누고 있는가? 아이는 아빠라는 사람을 자기 속마음을 털어놓을 상대로 생각하고 있는가?

TV나 스마트폰에 정신이 팔려서 옆에 있는 아이를 무시하면서도, '옆에 있었으니 함께 시간을 보낸 거지' 하며 스스로를 자녀교육에 관심 있는 아빠라고 생각한다면 이보다 더한 착각이 없다. 사춘기 아이들에게 친구 같고, 형 같고, 오빠 같은 친근하고 자상한 존재가 되려면, 아이들이 '아빠는 따뜻하고 믿음직스럽다'고 느끼게 하려면, 함께 있는 시간에 아이들과 무슨 대화를 나누는지 스스로 관찰할 수 있어야 한다. 그러지 않으면 주말을 아빠와 보냈더라도 아이는 다음과 같은 생각을 할 게 뻔하다.

'아빠는 나를 내버려두고 주말 내내 TV를 보며 지냈다.'

흥미 위주의 TV 예능 프로그램과 시시때때로 울리는 메시지를 확인하느라 정신없는 아빠, 스마트폰 게임에 빠져 주위를 살피지 못하는 아이, 우리에게 익숙한 모습이다. 앞에 있는 사람 대신 스마트폰이나 TV의 화려한 색깔과 거친 말투 등 강한 자극에만 반응하여 정신적 감각이 무뎌지는 '팝콘 브레인'의 시대다. 이럴 때는 아빠가 솔선하여 주변 환경을 정리해야 한다. 아이에게 이렇게 선포하는 건 어떨까 싶다.

"아빠는 주말 저녁 8시부터 10시까지만 TV 볼 거야. 만약 그 이외 시간에 아빠가 TV 보는 걸 보면 말해. 그럴 때마다 1,000원씩 줄게!"

(외식하러 간 식당에서 급히 스마트폰을 봐야 할 때)
"아빠가 이번 주 일정을 확인하느라고 잠깐 보는 거야. 금방 확인하고 곧 사용하지 않을게."

억지로라도 이렇게 자신을 통제할 수 있어야 한다. 조금은 불편하겠지만 이제 어른이 될 사춘기 아이를 위해 이 정도 노력은 해야 한다. 아이와 함께 있는 시간을 '그냥 흘러가는 시간'이 아니라 진정으로 교류하며 서로 마음을 주고받는 시간으로 만드는 훌륭한 자기통제 방법이다.

공감의 기술

마음이 열리는
커뮤니케이션의 시작

조건 없이 아이 편 되어주기
...

 사춘기 무렵의 아이는 말로 쉽게 상처를 받는다. 자기만의 생각을 형성해가는 과정에서 듣는 말은 자존감과 직결되기 때문이다. 생각이 많아지는 사춘기 아이들에게는 '내 편'이 중요하다. 상처받은 자신의 감정을 오롯이 공감하고 이해해주는 존재가 필요하다.

 다른 사람의 말로 받은 상처가 가슴속에 쌓여 곪을 때는 '내 편'의 따뜻한 말 한마디가 도움이 된다. 마음먹은 대로 되지 않을 때, 도대체 무엇을 해야 할지 모를 때, 내 편 한 사람만 있어도 심리적 부담이 크게 줄어든다. 사춘기 아이들에게 '내 편'이라는 존재가 중요한 이유다.

아이들은 '엄마는 당연히 내 편'이라는 것을 안다. 가끔은 간섭이 귀찮고 불편하지만 그 속마음은 의심하지 않는다. 말도 비교적 잘 통한다. 하지만 아빠는 다르다. 사춘기 아이의 입장에서 보면 아빠는 자신과 함께하는 시간이 절대적으로 부족한 사람이다. 가끔 나누는 대화는 뜬금없거나, 겉돌거나, 그것도 아니면 아예 할 말 자체가 없는 경우가 많다.

아빠가 극복해나가야 할 과제다. 사춘기라는 시기를 생각해보라. 아빠와 아이로서 대화할 시간이 얼마 남지 않았다는 뜻이다. 이제 곧 어른 대 어른으로 대화해야 할 시간이 다가온다. 아이가 어른이 되기 전에 대화가 충분히 이루어져야 한다. 그래야 어른이 돼서도 마주 보고 이야기 나누기가 어색하지 않을 것이다.

아이가 어른이 되어 대화의 문을 닫는 이유는 사춘기를 별다른 대화 없이 지냈기 때문이라고 봐도 무방하다. 지금이라도 아빠는 개방적 대화를 유도해야 한다. 대화의 문이 열려 있어야 아이가 말문을 열 수 있고 말하는 과정에서 아빠를 신뢰하게 되며, 결정적인 문제 상황이 닥쳤을 때에도 아빠와 상의하며 개선해나갈 수 있다.

많은 아빠들이 사춘기 자녀와의 의사소통에서 현실적으로 여러 갈등을 겪는다. 사춘기 자녀와 좋은 관계를 유지하며 의사소통하기란 생각만큼 쉽지 않다. 이미 아이와 대화 단절의 벽을 느끼고 있는 아빠는 어떻게 해야 할까? 일단은 '무조건 아이 편을 들겠다'고 마음먹어야 한다. 아이의 생각을 조건 없이 수용하고 인정하며 공감하는 태도를 보이겠다는 다짐이 첫 번째 할 일이다.

그러면 아이는 조금씩 자신의 감정을 아빠에게 드러내기 시작한다. 그럴 때 아빠가 아이의 말을 적극적으로 들어주고 인정하면서 아이의 감정 표현을 칭찬하면, 더 나아가 아이의 고민에 대해 사랑으로 피드백해주면 아이와 아빠의 개방적 대화가 완성된다. 그러니 사춘기 아이를 둔 아빠라면 아이와의 협력적인 대화 상황을 만들겠다고 다짐하고 대화 파트너가 되기 위해 노력해야 한다.

피드백, 피드백!
• • •

사춘기 자녀와 대화를 잘 이끌어나가려면 잘 들어줘야 한다. 사실 언제인가부터 바빠진 부모는 아이의 말을 들을 기회조차 없어졌다. 아이가 스스로 말한다면 괜찮지만, 사춘기에 접어들 무렵부터는 말조차 하지 않으려 들기 때문이다. 어떻게 해야 할까? 작은 대화의 기회를 놓치지 말아야 한다. 놓치지 않는 방법은? 바로 피드백이다.

예전에 책 한 권을 읽었다. 두꺼운 책이었는데 대화 형식이어서 쉽게 읽었다. 한 사람이 큰 시련을 겪는다. 직장에서 쫓겨나고, 아내에게 이혼당하는 등등. 그는 하늘을 향해 울분을 쏟아낸다. "어째서 내 인생은 이 모양입니까!" 놀랍게도 신과 만나는 영적 체험을 했단다. 신과 대화를 나눴다는 말인데, 그 대화를 담아 책으로 펴냈다. 거기 나온 재미있는 이야기를 옮겨본다.

> "철자 'a, b, c, d, e, f'가 들어 있는 가장 짧은 영어 단어는 뭘까요? 정답은 'feedback(피드백)'입니다."

피드백의 중요성을 간접적으로 드러낸 말 같아서 재미있었다. 피드백은 사춘기 아이와 소통하기 위해 부모가 반드시 지녀야 할 커뮤니케이션 무기다. 긍정적인 피드백은 아이가 사춘기를 잘 지내고 성숙한 인격의 소유자로서 사회에 공헌할 수 있도록 도와준다.

> "애하고 말을 잘하는 편이었는데, 열세 살이 되니까 이젠 무슨 생각을 하는지, 말이 없어서 통 알 수가 없네요. 혼자 방에 틀어박혀서는 좀처럼 얘기를 하지 않아요!"

이렇게 한탄하고 있다면 섣불리 아이와의 대화를 시도하기 전에 조금 기다려라. 그러다가 아이가 말문을 열 때를 포착해라. 바로 그때 긍정적이고 사랑 가득하며 아이에게 힘을 주는 피드백으로 시작하라. 이때 무엇인가를 가르치려는 말투를 취해서는 곤란하다. 피드백은 오직 아이의 인간적인 성장을 위한 접근법으로 조심스럽게 사용해야 한다. 그래서 질문 형식의 피드백이 좋다. 예를 들어보자.

아빠 : 경민아, 시간 있으면 잠시 얘기할 수 있겠니?

아이 : 네, 아빠.

아빠 : 아침에 자꾸 늦게 일어나서 학교에 지각하는 것 같네? 오늘도 조금 늦었지?

아이 : 네.

아빠 : 엄마도 걱정하고 있고, 아빠도 네가 걱정되는데 무슨 이유라도 있니?

아이 : 글쎄요, 늦지 않으려고 하는데 이상하게 늦잠을 자게 되네요.

아빠 : 자기 일에 빈틈없는 아이가 그러니 걱정되네. 어떻게 생각하니?

아이 : 생각해보니 자기 전에 음악을 듣느라고 늦게 자서 그런 것 같아요.

아빠 : 그래, 경민이는 항상 알아서 잘하는 아이니까 앞으로는 좀 나아지겠지?

아이 : 네, 아빠.

아빠 : 아빠가 한 말에 기분 상하지는 않았나 모르겠네?

아이 : 아니에요, 아빠.

질문 형식의 피드백을 통해서 아이가 스스로 해답을 찾아가게 하자. 아이를 진심으로 위하는 마음을 말로 실어 보내자.

아픔을 숨기면 병이 된다

• • •

좋은 사회란 돈 많은 사람이 많은 곳이 아니라, 한 사람도 굶주리지 않는 곳이라고 한다. 비슷한 말을 하고 싶다. 좋은 부모란 돈 많은 부모가 아니라 아이의 작은 고통에도 귀를 기울이고 살필 줄 아는 부모다. 마음의 고통은 타인의 말에서 시작된다. 그 고통을 일차적으로 부모가 들어줘야 한다. 서로의 고통을 말할 수 있는 관계가 돼야 한다. 아픔을 숨기면 병이 된다.

그런데 과연 우리 아이들이 부모에게 자신의 아픔을 솔직하게 말할 수 있는 상황일까? 아니다. 사춘기 아이에게 아빠란 두려운 존재일 수 있다. 대하기 어려워한다. 그런데 그런 아이의 태도를 보고 되려 아이에게 무시당했다고 느끼는 아빠는 아이를 윽박지르기 쉽다. 악순환의 반복이다.

퇴근하고 집에 돌아온 아빠, 문을 열고 들어갔지만 아무도 반기질 않는다. 아이의 방문을 열고 들어가서 책상에 앉아 있는 아이를 보고 대화를 시도한다.

아빠 : 오늘 어떻게 잘 지냈니?
아이 : 예.
아빠 : 학교에서 별일 없었어?
아이 : 별일 없었어요.
아빠 : 음…….
아이 : …….

아이는 아빠를 제대로 보지도 않은 채 무심하게 대꾸한다. 하루 종일 일터에서 고단했던 아빠는 괜히 화가 난다. 그래서 한 소리 한다.

"너 정신 차릴 때도 되지 않았니? 아빠가 퇴근하고 오면 인사하는 척이라도 해라. 인사도 제대로 안 하고 방에 틀어박혀 있으면 어쩌자는 거냐. 아빠가 왔으면 본 척, 들은 척이라도 해야지, 무시하는 거냐?"

아빠의 밑도 끝도 없는 질문과 아이의 심드렁한 대답, 대한민국의 많은 아빠들이 겪는 현실이다. 어쩌다 이렇게 되어버린 걸까? 이럴 때 아이에게 "왜 대답이 그 모양이냐!"고 소리치면 안 된다는 것쯤은 다 알 것이다. 그렇다면 어떻게 해야 할까? 아빠가 먼저 도움을 청하는 손을 내밀어야 한다. 겸손해져야 한다. 아빠가 도움을 요청해서 아이가 그에 응답하면, 그 과정에서 아이는 자신이 조금 더 괜찮은 사람이 되어간다고 느낀다.

도움을 요청하는 방법은 간단하다. 취조라도 하듯 아이에게 '학교에서 뭐했냐?'고 물을 게 아니라 '학교에서 좋은 일 있었는지 아빠가 궁금하다'고 물어보면 된다. 아빠의 궁금증에 대답하는 과정에서 아이들 역시 적극적으로 대화에 나설 수 있다. 아빠가 아이에게 일방적으로 조언하지 않고, 사춘기 세계를 아는 척하지 않고, 오히려 잘 모르겠다는 마음으로 대화를 시작하면 소통은 쉬워진다.

아이의 아픔을 외면한 채 일방적으로 대화하고, 그래놓고는 대화 결과가 신통치 않다고 짜증을 내는 부모가 있다면, 사춘기 아이와 대화하는 방법을 전혀 모른다고 봐야 한다. 사실 앞의 사례에서 아이도 할 말이 많았을지 모른다. 이렇게 말이다.

"아빠가 오신 건 알았는데 괜히 나가서 인사해봤자 아는 척도 안 하시고, 별다른 말씀도 없으실 것 같아서 방에 있었던 거예요. 그냥 안 뵙고 있는 게 나을 것 같았고 얼굴 보면 불편할 것 같아서 안 나왔는데 아빠는 그게 서운하셨나 보네요."

대화의 물꼬를 트는 기술
• • •

대화의 양이 절대적으로 부족하고, 얼굴 봐도 데면데면해서 아빠를 피하는 아이와 한 번에 술술 대화를 이어나갈 수 있다고 생각하지 말자. 언제부터였던가, 쉴 새 없이 질문을 해대던 아이들이 이젠 아빠가 먼저 말을 건네야 비로소 그것도 억지로 대답한다면, 이미 대화의 건전한 구조는 어긋났다고 봐야 한다. 최근 며칠간 사춘기 자녀와 제대로 대화 한번 못 나눴다면 왜 그런지 심각하게 고민해봐야 한다는 뜻이다.

어떻게 대화의 물꼬를 트고 어긋난 대화 구조를 바로잡을 수 있을까? 평소에 아이들이 무슨 말을 하는지 관심을 가져보자. 오늘 아이가 무슨 말을 했는지, 아이가 무엇을 자주 언급하는지 등등에 주의를 집중하고 있어야 한다. 언젠가 초등학교 6학년, 5학년, 3학년 아이들과 함께 있으면서 무엇이 아이들의 키워드(?)인지 궁금해서 단어를 머릿속으로 따라가 봤다. 주로 이런 것들이었다.

'커브'

'캐리'

'주찬이'

'라면'

'카드'

아이들끼리 이런 단어를 갖고 옥신각신하면 부모들은 보통 그 분위기만으로 아이들의 대화를 평가하기 마련이다.

"뭐, 그런 것 갖고 싸우고 그러냐?"
"으이그, 상대방의 말을 다 듣고 얘기해야지!"
"쓸데없는 얘기 하지 말고, 그 시간에 숙제부터 좀 해라."

이래서는 부모와 자녀가 발전적인 대화 파트너가 될 가능성이 없다. 아이와 대화가 안 통한다면 아이가 어떤 단어를 사용하는지, 그리고 그 단어를 부모가 알고 있는지 등에 대해 생각해본 후 그것을 중심으로 이야기를 풀어가기 바란다.

아빠 : 주찬이? 친구니?

아이 : 네, 베프(베스트프렌드의 약자)예요.

아빠 : 어떤 점이 그렇게 좋아?

아이 : 주찬이는요. 어쩌고저쩌고…….

대화가 쉽게, 그리고 편하게 진행될 것이다. 그러니 아이가 지금 현재 무엇에 관심을 갖고 있는지부터 잘 살펴보자. '애가 공부에만 신경을 썼으면!' 하는 바람을 중심으로 대화를 전개하면 남는 것은 남남 같은 불통의 관계뿐이다.

입이 열리는 장소와 시간
...

길게 뻗은 직선 도로에서 운전을 한다고 상상해보라. 한참을 달려도 핸들을 별로 조종할 필요가 없다. 그런데 갑자기 앞에 심한 커브 길이 나타난다. 도로에서 벗어나지 않으려면, 핸들을 꺾는 수밖에 다른 도리가 없다. 자녀가 사춘기 청소년이 될 때의 상황도 이와 비슷하다. 아마 여러 해 동안 부모는 의사소통 방법을 별로 바꾸지 않고도 자녀와 대화를 잘했을지 모른다. 하지만 이제 아이는 인생의 심한 커브 길에 들어섰으며, 부모는 대화 기술을 바꿈으로써 '방향을 틀지' 않으면 안 된다.

성경에 "적절한 때에 한 말은 은 조각물에 놓인 금 사과와도 같다"는 구절이 있다. 때를 잘 맞추는 것이 대화를 잘하는 비결이라는 뜻이다. 농부는 수확기를 마음대로 앞당길 수도 늦출 수도 없다. 수확 시기가 오면 숙명적으로 수확에 임해야 한다. 사춘기 자녀와의 대화도 마찬가지다. 우연하게라도 대화할 기회가 생겼다면 절대 그 기회를 놓치지 마라.

아이와 많은 이야기를 나눈다는 한 엄마는 자신의 비결을 이렇게 말했다. "딸아이가 밤에 내 침실에 자주 왔는데, 어떤 때는 한 시간씩 있곤 했어요. 나는 밤에 일찍 자는 편이라 그렇게 하기가 쉽지는 않았지만, 늦은 밤 시간에 우리는 별별 이야기를 다 할 수 있었지요." 대화의 타이밍은 이렇게 찾아야 한다. 엄마, 아빠가 아니라 철저히 아이에게 맞춰야 한다.

사춘기 자녀는 자연스러운 공간에서 더 쉽게 입을 연다. 대화가 가능한 환경을 만들고, 무엇이 아이의 관심을 끄는지 확인하고, 더 나아가 아이의 고민을 알아보고 수긍해줘라. 위로와 격려가 담긴 사소한 말 한마디가 관계를 개선해줄 것이다.

7장
"꿈을 주는 대화법"

> 오, 나의 선생님

You are my
best teacher!

꼰대의 육하원칙

...

    초등학교 다닐 때 꼭 한 분씩은 '꼰대'라는 별명을 가진 선생님이 있었던 것 같다. '늙은이'를 이르는 은어인데 왜 선생님 별명으로 그렇게 널리 쓰였는지 모르겠다. 어쨌거나 단어 자체에서 뭔가 '꼬인' 것 같은 느낌이 나니 좋은 의미로 사용되지 않은 것만은 분명하다. 요즘에는 말이 안 통하는 남자를 지칭하는 용도로 확산(?)되고도 있다. 꼰대의 특성을 한마디로 줄이면 "하라면 해!"라는 태도다. 그 기준은 물론 오직 자신의 경험이다. 나도 다

해봤으니 너도 군말 없이 그렇게 하면 된다는 식이다. 사춘기 아이와의 소통을 원하는 부모라면 반드시 피해야 할 태도다.

놀랍고 슬프며 당황스럽게도, 아이들이 자기 아빠를 꼰대로 지칭하는 경우가 있단다. 세상에! 다른 사람도 아닌 자기 아빠를 꼰대라고 부른다니! 되돌아보니 아이들만 뭐라고 할 건 아닌 것 같다. 내가 지난 며칠간 아이에게 했던 말을 생각해보면 더욱 그렇다.

> "아빠는 말이야, 공부방이 없어도 혼자 알아서 다 했어. 무슨 방을 혼자 쓰고 싶다고 난리야? 건방지게!"
> (아이와 함께 TV를 보다 말고) "요즘 애들, TV 보면서 아이돌에 열광하는 거 보면 걱정스러워. 뭐가 되려고 저러는 거지?"
> "난 아이들이 예의 없이 구는 게 제일 싫어. 아빠가 오면 제대로 인사를 해야지, 어디 예의 없이 고개만 까닥하는 거야!"

내 말에 아이들은 무반응으로 대답을 대신하거나 슬며시 자리를 피했을 뿐이다. 누군가 꼰대의 조건을 여섯 가지로 나누어 '꼰대의 육하원칙'이라는 제목으로 써놓은 글을 봤다. 알고 보니 내가 바로 꼰대였다.

| 꼰대의 육하원칙 |

WHO(내가 누군지 알아)

WHAT(뭘 안다고)

WHERE(어딜 감히)

WHEN(왕년에)

HOW(어떻게 나한테)

WHY(내가 그걸 왜)

음, 써놓고 보니 온몸에 소름이 돋는다. 아이가 아빠를 꼰대라고 생각할 만하다는 느낌이 들었다. '좋은 아빠'가 되고 싶은가? 그전에 자녀가 당신을 '꼰대 아빠'로 취급하고 있지는 않은지부터 걱정해야 하지 않을까?

가르치고 듣지 않고? 서로 배우고!
• • •

사춘기 아이와 아빠의 실제 대화 모습을 보면 아빠는 가르치려고만 든다. 아이는? 듣지 않는다.

아빠 : 이것도 못해?

아이 : 이걸 어떻게 하라고요!

아빠 : 열심히 안 해서 그래.

아이 : 열심히 한 거라고요.

아빠 : 안 하니까 안 되는 거야. 하면 다 돼!

아이 : …….

인간은 지나치게 높은 능력을 강요받으면 지치기 마련이다. 사춘기 아이들은 좌절의 강도가 더욱 심하다. 자신의 한계를 느끼는 상황과 자주 마주하기 때문이다. 해결책은 없고, 해야 할 일은 많아지고, 그런 상황 속에서 부모의 기대와 욕망을 눈치 채고 괴로워한다. 그러다가 아빠의 요구가 자신이 감당할 수 있는 수준을 넘어서면 "아빠는 매번 나에게 오를 수 없는 나무에 오르라면서 날 괴롭혀"라고 반응한다. 짜증과 화를 내는 것은 물론 상황이 나빠지면 부모 눈을 속이고 제멋대로 행동하기도 한다.

가르치려만 들고 정작 아이 말을 듣는 데는 미숙한 부모 때문에 생긴 문제다. 아이의 한계와 능력에 대해 함께 이야기하면서 힘과 용기를 북돋워주는 방향으로 대화를 이끌어야 함에도, 그러기는커녕 정반대로 행동한 결과다. 전형적인 '꼰대 아빠 마인드'가 초래한 결과다.

좋은 부모가 되려면 일방적인 관계가 아니라 서로 배우는 관계를 형성해야 한다. "엄마, 방학 때 수영 배워도 돼요?"라는 아이의 질문에 "그런 거 할 생각 하지 말고 공부나 해"라고 대답할

게 아니라 "그래, 엄마도 수영을 못 배워서 아쉬웠는데 이번 기회에 시간 조절 잘해서 한번 배워봐. 나중에 엄마도 가르쳐주고" 하면서 아이에게 어른도 뭔가를 배울 수 있다는 태도로 접근해야 한다.

아이들은 스스로 꿈을 만들어가야 한다. 일일이 간섭하고 통제하기보다 지지하고 격려하는 대화를 하자. 통제가 아닌 격려를 받을 때 아이들은 자율성을 획득한다. 자신이 누구인지 더 많이 인식하고 자신의 행동에 더 많이 책임지며, 부모에게 덜 의존하면서 홀로 설 수 있다. 일방적으로 가르치려 들지 말고 오히려 배우겠다는 태도로 다가서라.

아이는 어린 선생님이다
...

요즘 아이들은 자기가 하고 싶은 일이 뭔지도 모른다고 탄식하는 부모가 많다. 그들에게 물어보고 싶다.

"부모가 원하는 것만 해야 한다는 걸 알기에 자기 생각을 말하기 꺼리는 건 아닐까요?"

아이들은 뭔가를 해달라고 즉흥적으로 요구하지 않는다. 나름대로 오랜 시간 고민하다가 엄마나 아빠가 들어줄 거라는 기대를 갖고 말한다. 그런데 이유도 제대로 설명하지 않고 무작정 안 된다고 대답하면 좌절한다. 이러한 문제를 방지하려면 부모는 아이를 두고 '너는 나의 거울이다. 너를 통해 세상의 많은 것을 더욱 배우고 싶다'는 생각을 할 수 있어야 한다. 생각뿐 아니라 말로도 표현할 수 있어야 한다. 겸손의 마음가짐이 필요하다. 대화의 모든 주제에 대해 아이가 왜 그런 생각을 했는지 들어보고, 거절해야 한다면 납득할 수 있는 이유를 들어 설명해야 한다.

특히 문제해결에만 집중해서 말하지 않도록 경계해야 한다. 사춘기 아이도 가끔은 자신의 속상한 마음을 부모에게 털어놓고 싶어한다. 그럴 때 위로하고 공감하기보다 "네가 이렇게 했어야지" 하는 식으로 해결책 제시에만 급급한 부모의 태도가 문제다. "힘들었겠구나!" 하며 아이의 감정을 먼저 읽어주는 공감대화를 시도하고 꿈을 격려할 때 아이들은 엄마, 아빠를 '꼰대 엄마', '꼰대 아빠'가 아니라 '우리 엄마', '우리 아빠'로 생각할 것이다.

어른의 꿈

엄마, 아빠도 꿈이 있단다

아이를 알아야 꿈의 실현도 도울 수 있다

• • •

아이가 커간다. 그에 따라 부모의 말 역시 달라져야 한다. 초등학교 1학년에게 하는 말과 6학년에게 하는 말이 같아서는 곤란하다. 예를 들어보자. 사춘기에 접어드는 아이들이 흔히 하는 행동이 하나 있다. 바로 방문을 걸어 잠그는 일이다. 이 행동이 부모에게는 일방적인 거부로 느껴진다. 아이의 행동을 도저히 이해할 수 없기에 "문 부숴버리기 전에 열어라!"라고 소리를 치면서 벌컥 화를 내기도 한다.

사실 아이는 독립된 공간과 시간을 갖고 싶은 것뿐이다. 그러니 심리적 독립을 원하는 아이의 인격을 존중하는 차원에서라도 이해하려 노력해야 한다. 아이 방문을 두드려서 열어놓고는 "왜 문을 걸어 잠그느냐!"고 윽박지르면 아이도 사실 할 말이 별로 없다. 돌아오는 대답은 "그냥요"밖에 없다. 사춘기 아이의 말과 행동을 반항으로만 받아들이면 아이와의 관계는 개선되기 어렵다.

사춘기 아이의 행동이 단순한 반항인지, 아니면 다른 주장을 하기 위한 것인지 구분해야 한다. 아이가 이제 외부의 정보를 있는 그대로 받아들이는 시기를 지나 자기만의 생각을 갖기 시작하는 시기에 이르렀음을 염두에 두고 말이다. 이러한 마음의 준비가 되지 않은 상태에서 아이를 바라보면 충돌만 겪을 뿐이다.

특히 사춘기 아이에게는 강압적인 아빠의 말이 잘 통하지 않는다. 옳은 말이라도 절대 받아들이지 않는다. 예를 들어보자. 사춘기 자녀가 아빠의 눈으로 봤을 때 사귀지 말았으면 하는 친구를 만나고 왔다고 해보자. 이렇게 말해서는 곤란하다.

"친구는 잘 골라서 사귀어야지!"
"그런 아이와 친하게 지내는 거, 아빠는 절대 반대다!"

사춘기 아이에게 아빠의 이런 말은 자신을 무시하는 말처럼 느껴진다. 아빠의 말이 설령 옳다는 생각이 들었어도 순응하기보다 적대적인 반응을 보일 것이다. 친구 문제까지 일일이 간섭하려 들지 말라고 대들지도 모른다. 사춘기 아이의 특징을 공부하지 않은(!) 아빠가 필연적으로 겪을 수밖에 없는 일이다. 엄마를 대하는 태도가 옳지 않다고 "엄마한테 말버릇이 그게 뭐냐?"고 함부로 탓하다가는 '엄마 편 아빠'로 몰려 오랫동안 대화를 거부당할 수도 있다. 어떻게 해야 할까?

아이를 알아야 한다. 그래야 대화할 수 있다. 사춘기 아이가 자기 꿈을 키우고 또 조금씩 이루어가는 과정을 즐길 수 있도록 도와야 한다. 그러기 위한 대화의 형식과 내용을 끊임없이 고민해야 한다. 지속적으로 아이에게 관심을 두되 아이가 거추장스러워하지 않도록 자연스럽게 대화의 통로를 만들어가야 한다. 특히 무시하는 말투와 혼내는 말투가 나오지 않게 조심하면서 아이의 의견을 허심탄회하게 물어야 한다.

"그 친구 어떤 점이 그렇게 좋은 거니?"
"그래, 거기에 관심이 있구나? 좀 더 알고 싶은 게 있니?"
"엄마 말이 네 마음을 아프게 했구나?"

아이의 의견을 묻는 행위는 사춘기 아이의 욕구, 예를 들어 존중받고 싶어하는 욕구를 충족시킨다. 부모가 아이를 존중할수록 아이는 바람직한 정체감과 높은 자존감을 형성해간다. 그리고 비로소 부모를 향해 자신의 마음을 활짝 연다.

즐기는 순간, 꿈 찾아주기
...

실수투성이 주인공인 키 작고 소심한 한 중학생의 학교생활을 담은 작품으로 1억 8,000만 부나 팔렸다는 세계적인 베스트셀러 《윔피 키드》의 작가 제프 키니(Jeff Kinney)가 2016년에 방한했다. 그는 기자 간담회에서 "아이들 책에 영웅이 너무 많아 정반대 인물을 주인공으로 내세우고 싶었다. 겉으로는 자신감 넘쳐 보이지만 스스로 무력하다고 느끼는 요즘 아이들이 실수투성이 주인공인 그레그에게 공감하면서 '그래도 내가 그레그보다는 낫다'며 위로를 받을 수 있다. 어린 시절은 짧고, 어른 시절은 길다. 한 번뿐인 어린 시절을 맘껏 즐겨라"라고 말했다.

초등학교 6학년인 첫째가 이 책을 열심히 읽는 모습을 우연히 봤다. 혼자 열중하면서 읽기에 "뭐가 그리 재밌니?"라고 묻자 "진짜 웃겨요"라면서 웃음을 지었다. 자신보다 모자란 실수투성이 중학생의 좌충우돌에 웃으면서 뭔가를 느끼고 또 배우는 것이 아닌가 싶다. 작가의 말처럼 나의 아이들이 짧고 아름다운 청소년기를 멋지게 누리면서 행복하기를 바란다.

사춘기 아이들은 즐기는 가운데 자기 꿈을 찾을 수 있어야 한다. 즐긴다고 하니 게임이나 TV를 생각할 수 있는데, 그런 뜻이 아니다. 지금보다 조금 더 나은 시간을 보내려고 노력하고, 또 그 시간에 충만함을 느끼는 것이 '즐김'의 정확한 의미일 것이다. 그 가운데 사소하더라도 미래를 꿈꿨으면 좋겠다. 뭔가를 즐기는 아이에게 부모는 다음과 같이 말할 수 있어야 한다.

"너는 궁금한 점은 꼭 찾아서 해결하려는 끈기가 있구나!"
"티볼 시합을 잘하기 위해 타격 자세를 고치는 걸 보니 뭔가를 배우려는 열의가 대단한걸!"

아빠의 이런 말 한마디로도 아이는 자신의 가능성을 다시 한 번 들여다보게 된다. 그 과정에서 자신만의 멋진 꿈을 찾아갈 힘을 얻는 것은 물론이다.

아빠의 하루를 말해주기

• • •

스스로에게 두 가지 질문을 해보자.

1) 꿈을 잃은 아빠가 아이에게 꿈을 강요해도 되는가?
2) 아빠는 꿈이라곤 아무것도 없는 사람인가?

어떤 생각이 드는가?

우리 아빠들에게도 꿈이 있다. 나름대로 하고 싶은 것, 해야 할 일을 위해 노력하면서 자아를 찾아간다. 나이 들었다고 해서 그 자리에 그대로 머물고 싶어하는 사람은 아무도 없다. 아내나 아이들이 "아빠는 그냥 돈 버는 사람이야!"라고 말하면 너무나 서운하다. 하루를 묵묵히 일터에서 보내는 이유도 좀 더 나은 내가 되기 위해, 오늘보다 더 나은 내일의 내 모습을 위해서다. 아내와 아이들은 잘 모르지만 우리 아빠들은 아주 큰 꿈을 늘 마음에 품고 사는 '평생 청춘'이다.

이제 아빠 혼자만 알고 있는 꿈, 아빠 혼자 이루기 위해 노력하는 꿈을 공개해야 할 때가 되었다. 내 꿈을 이루기 위해 보낸 하루, 열심히 노력한 하루의 일상을 아이에게 들려주자. 특히 이 방법은 아이가 사춘기에 접어들어서 대화의 문이 닫혔거나 원활한 대화를 할 기회가 없을 때 더욱 유효하다. 예를 들어 아이에게 말을 걸며 "오늘 어땠어?"라는 식으로 대답을 요구하기보다 "아빠는 오늘……"이라고 아빠가 먼저 자신에 대해 이야기해보자.

아이는 부모의 이야기를 듣고 싶어한다. 대신 잔소리가 아니라 부모의 살아가는 이야기를 궁금해한다는 것을 잊지 말아야 한다. 그러니 이제 아이에게 아빠 자신의 이야기를 피하지 말고 하기 바란다. 즐거운 화제라면 더 좋다. 조금 속상했던 일 중에서 아이에게 말해도 될 만한 이야기를 해도 괜찮다. 오늘 무엇을 했고 어떤 마음이었는지를 들려주면 아이도 별다른 어려움을 느끼지 않고 자연스럽게 자신의 이야기를 꺼낼 수 있다.

아빠가 일터에서 꿈을 이루기 위해 어떻게 노력하는지를 들으면서 사춘기 아이는 자연스럽게 자신의 꿈을 보다 구체적으로 생각하게 될 터이다. 오늘, 아이에게 우리 아빠들의 이야기를 들려주자.

"오늘 아빠가 말이지……."
"내일은 아빠가 말이야……."

사춘기 아이는 이제 아빠의 하루, 즉 과거와 현재, 그리고 미래를 알 수 있어야 하고, 알아야 할 나이가 됐다. 꿈을 위해 살아낸 오늘 하루와 더 큰 꿈을 위해 살고 싶은 내일에 대해 이야기하자. 아빠의 이야기가 아이에게 작은 등대가 되어줄 것이다.

목표의식

네가 진짜 원하는 게
뭔지 아니?

학원에서는 배울 수 없는 마음 근력
· · ·

내 아이에게 어떤 능력이 있으면 좋겠는가?

'사랑하는 능력'
'돈 버는 능력'
'인간관계를 잘 맺는 능력'

저마다 생각이 다를 수 있다. 그만큼 아빠들이 원하는 아이의 미래 모습이 다양하니 말이다. '그릿(Grit)'이라는 개념이 있다. 성장(Growth), 회복탄력성(Resilience), 내적 동기(Intrinsic Motivation), 끈기(Tenacity)의 머리글자를 딴 말이다. 미국의 육군사관학교인 웨스트포인트 신입생이 6주간 기초 군사훈련을 실시하는 과정을 한 심리학자가 연구했는데(혹독한 훈련으로 인해 일명 '야수의 막사(Beast Barracks)'라고 불린다), 엄청난 경쟁을 뚫고 입학한 인재들임에도 5%가량은 이 과정에서 스스로 하차하고 마는 현상을 발견하면서 끝까지 남는 학생의 특징으로 꼽은 개념이다.

그릿을 우리말로 번역하면 '마음 근력' 정도인데 예를 들어 수능처럼 오랜 기간 준비한 중요한 시험을 앞두고도 '노력한 만큼 점수가 나올 거야'라고 믿는 담대함, 설령 시험 성적이 기대에 못 미쳐도 '현재 상황에서 가장 좋은 선택이 분명히 있을 거야'라며 낙담하지 않는 능력 등이 포함된다. 힘들어도 끝까지 포기하지 않는 힘, 어려운 상황에서 굽히지 않는 담대함, 생각해보니 이 세상을 살아가는 나의 아이가 꼭 가졌으면 하는 능력이다.

이와 비슷한 연구가 또 있다. 2000년 노벨 경제학상을 받은 미국 시카고대학교 제임스 헤크먼(James J. Heckman) 교수의 '페리 유치원 실험'인데, 이는 무려 40년에 걸친 추적조사다. 다음은 그 연구결과를 소개한 2016년 12월 8일자 〈중앙일보〉 기사다.

> 빈민가 유치원에 다니는 3~5세의 아동을 A와 B 두 그룹으로

나누고 A그룹 아이들에게는 자율성과 자기조절 방법을 가르쳤다. B그룹에는 언어와 수학 등 일반 지식을 일러줬다. 40년 뒤 살펴보니 A그룹이 B그룹에 비해 교육 수준과 소득 수준이 월등히 높았다. B그룹은 범죄를 저지르거나 빈민 보조금을 받는 비율이 높게 나왔다. 헤크먼 교수는 "스스로 목표를 설정하고 어려움을 참아내는 능력이 성공적 삶을 결정짓는 가장 중요한 요인"이라고 분석했다.

자, 이제 감이 오는가? 우리 아빠들이 아이에게 정말로 원해야 할 능력은 '스스로 목표를 설정하고 어렵더라도 이를 참고 견뎌내는 능력'이다. 아, 잠깐! 그렇다고 또 오늘 집에 가서 아내를 붙잡고 이렇게 말하지는 마시길.

"여보, 우리 아이를 위해 수학 학원은 이제 그만 다니게 하고 자율성이나 자기조절 능력 가르쳐주는 학원 찾아서 보내자. 당장!"

비난받을까 봐 두려워요

. . .

전국의 우수 학생이 모인다는 '자사고'에 재학 중인 두 학생을 비교한 자료가 흥미롭다. 내신 1등급으로 성적도 우수하고 ─자사고에서 내신 1등급이라니! — 가정 형편도 엇비슷하며, 둘 다 고1로 사춘기의 정점에 서 있는 것도 똑같다. 그런데 그들의 인터뷰 내용은 전혀 달랐다. 다음의 2016년 12월 8일자 〈중앙일보〉 기사를 보자.

> "학업 스트레스요? 굳이 떨쳐버려야 한다고 생각하지 않아요. 스트레스 덕분에 오히려 집중이 잘되는 일도 많거든요. 내 인생의 주인은 나죠. 내게 맞는 직업을 찾기 위해 다른 사람의 조언에 의지하는 대신 스스로 깊이 생각하고 있어요." (박 군)

> "공부하지 않으면 부모님이나 친구, 선생님께 비난받을까봐 두려워요. 솔직히 나를 위해 공부하는 건지, 주변의 시선 때문에 공부하는 건지 헷갈릴 때가 있어요. 하고 싶은 일요? 부모님과 같은 일을 하려고 해요. 그런데 솔직히 내가 정한 건지, 부모님 뜻대로 정한 건지 모르겠어요." (이 군)

우리의 아들딸은 박 군과 같은 대답을 할 것인가, 아니면 이 군과 같은 응답을 할 것인가? 앞에서 본 성장, 회복탄력성, 내적 동기, 끈기의 앞 글자를 따서 개념화했다는 그릿, 이 모든 것을 다 가져야 한다고 생각하면 왠지 어렵다. 하지만 딱 하나, 목표의식만 제대로 설정돼도 우리 아이들이 좀 더 세상을 진취적이고 능동적으로 살 수 있지 않을까 생각한다. 어떻게 하면 우리 아이가 확실한 목표의식을 갖도록 도울 수 있는지, 아이와 함께 무엇을 할 수 있는지 고민해야 한다.

물론 그렇다고 해서 아이의 목표에 지나치게 간섭하면 안 된다. 어쩌면 아이는 이미 자신만의 장단기 목표를 모두 설정했는지도 모른다. 단지 말을 안 해서 부모가 모르고 있는 경우도 많다. 아이가 자기 목표를 말할 수 있어야 한다. 부모가 원하는 목표를 아이가 무조건 따르는 것이 아니라, 자기 목표를 말하고 설득할 수 있는 대화의 장을 마련해야 한다.

사춘기에 접어든 우리 집 첫째는 이제 자기 관점에서 목표를 세우고 또 실천하려고 노력한다. 언젠가는 음악을 듣고 싶다고 하면서 '엠피쓰리 플레이어'를 사겠다는 목표를 세우더니 엄마와 협상(?)해서 ─예를 들어 수학 문제집 한 권을 모두 풀면 용돈을 달라─ 차곡차곡 돈을 모아 결국에는 스스로 그것을 구입했다. 말은 안 했지만 대견했다. 작은 목표지만 이뤄가는 과정이 예뻤고, 소신껏 협상하는 과정도 기특했으며, 먹고 싶은 것도 안 먹고 참으며 노력하는 모습이 보기 좋았다.

목표는 그것을 이룰 사람이 스스로 세워야 한다. 타인이 부여한 목표는 족쇄일 뿐이다. 부모는 자녀의 목표를 지지하고 필요하면 도와줄 수는 있어도 함부로 목표를 설정해주면 곤란하다. 사춘기 아이들은 누구나 무한한 잠재력을 품고 있다. 이를 무시하고 아이에게 뭔가를 가르쳐야 한다는 일방적 사고는 무모하다. 사춘기 때는 자신만의 힘으로도 충분히 목표를 세우고 한 발씩 앞으로 나갈 수 있음을 꼭 기억하자.

함께 써보는 '꿈 계획표(드림 플래너)'
• • •

아이가 인생이라는 사막을 잘 건너기 위해 부모는 무엇을 할 수 있을까? 우선 아이와 함께 꿈을 만들고 공유하는 연습이 필요하다. 아이의 꿈을 알아야 한다. 물론 엄마, 아빠의 눈으로 보면 어처구니없는 꿈일 수도 있다. 하지만 절대로 평가절하하거나 직설적으로 반대해서는 안 된다.

그렇다면 아이의 꿈을 어떻게 파악해야 할까? 아이에게 매일 한 줄짜리 꿈을 적어보라고 독려해보자. 튼튼하고 고급스런 질 좋은 '플래너(planner)'를 하나 선물해주고 거기에 한 줄, 혹은 두 줄로 꿈을 적게 하는 것이다.

다만 플래너가 학습 진도 체크용으로 사용돼서는 안 된다. 많은 부모들이 매년 초에 아이들에게 학습 플래너를 사준다. S대를 수석 졸업했다는, 혹은 K대를 '너무 쉽게' 들어갔다는, 공부에 있어서는 신 같다는 사람들이 화려하게 만든 학습 플래너를 사서는 아이에게 안긴다. 학습 플래너를 사준 것만으로도 아이가 벌써 S

대에 간 것 같은 생각에 괜히 흐뭇하다. 하지만 그것을 받은 아이의 마음을 먼저 헤아려봐야 하지 않을까?

아이에겐 또 다른 족쇄 하나가 채워진 거다. 매일 엄마에게 숙제했느냐, 안 했느냐 추궁 당했는데 이제는 "너 학습 계획표 썼어, 안 썼어? 뭐? 안 썼다고? 그래서 뭐가 될래?"라는 핀잔까지 들을 차례라는 것을 아이는 알고 있다. 잠시만 생각해보자. 우리 아이들이 도대체 무슨 죄인가. 학교 숙제에, 학원 숙제에, 이제는 학습 플래너에, 바로 이 순간 아빠가 등장해야 한다. "학습 플래너 따위는 집어치워!" 아이 앞에서 아내에게 이렇게 말하라고? 뭐, 집안 결단날 일 있는가. 아이보다 솔직히 아내가 더 무섭지 않은가? 그렇다면 아빠가 해야 할 일은? 아빠도 플래너를 적는 거다.

아빠가 꿈을 이루기 위해 어떤 노력을 하는지 적으면 된다. 매일매일 무엇을 할지, 무엇을 했는지 적는 거다. 자, 이제부터가 진짜 중요하다. 아이에게 검사를 받아라! 엄마도 같은 모습을 보여주면 더욱 좋다.

어떤 아빠는 아이와 함께 매달 실천해야 할 목표를 몇 가지씩 세우고, 달성하면 상장을 만들어 나눠 갖고, 부상(副賞)으로 아이가 원하는 곳으로 가서 외식을 한단다. 그 한 예로 아이가 '하루 한 번 다른 사람 칭찬하기', '일주일에 한 번 설거지하기'라는 목표를 세우고 아빠에게는 '11시 전에 집에 들어오기', '일주일에 한 번 엄마 안마해주기'라는 목표를 설정해줬단다. 그 아빠는 이렇게 말했다.

"아들이 제안하는 '아빠의 목표'가 두려워요. 평소 저를 어떻게 생각하는지가 보이니까 심판받는 기분이에요."

그릿이라는 개념, 좋다. 수많은 심리학자가 말하는 목표의식, 그것도 좋다. 하지만 아빠와 아이가 목표를 공유하고 달성하기 위해 실행하는 것이 가장 중요하고 필요하지 않을까?

목표의식은 갑자기 생기지 않는다. 학습 계획표 적으라고, 네 꿈을 써보라고 해봐야 그때뿐이다. 함께 목표를 만들고 또 차근차근 이루어보자. 그것이 사춘기 아이가 진짜 목표를 스스로 세우도록 돕는 방법이다.

8장

"신뢰를 주는
대화법"

믿음의 힘

나는 너를 믿는다

아빠와 말하고 싶지 않아요
...

　대화 단절은 심각한 문제다. 아이가 말문을 닫는 순간 아빠와 아이의 관계는 부자나 부녀 관계가 아니라 '그냥 아는 사람' 관계일 뿐이다. 아이에게 '그냥 조용히만 있어주면 좋겠다' 싶은 사람으로 인식되고 싶은가? 아닐 것이다. 그렇다면 사춘기 아이가 아빠를 대화 상대로 선택할 수 있도록 노력해야 한다. 만약 언제부터인가 아이가 아빠에게 말하기를 꺼린다면 다음과 같은 말로 대화를 시도해보라.

"아빠가 혼낼까 봐, 실망할까 봐 말하기가 어렵나 보구나."
"울어도 되고 가끔 투정 부리는 것도 괜찮아."
"마음에 찌꺼기가 남지 않게 다 말하는 게 더 좋은 거야."
"무슨 말을 해도 아빠는 다 이해해."
"말하고 나면 마음이 편안해질 거야."

대화를 앞두고 긴장하는 아이의 마음을 읽어주고, 안심할 수 있는 분위기를 조성하는 것이 우선이다. 아이가 별로 대화하고 싶지 않은 기분인 것 같으면 억지로 성급하게 대화하려 하지 말고 일단은 편안한 분위기를 만들어 말문부터 열어야 한다.

그리고 어렵게 말문을 틔워놓고는 아이가 이야기를 시작하자마자 이렇게 말을 받아서는 절대 안 된다.

"고작 그런 일이었어? 난 또 뭐, 대단한 문제라고."
"그런 거 갖고 울면 어떻게 하니?"
"별것도 아니었네?"
"그렇게 말하면 아빠가 서운하지!"
"네 말 들으니 괜히 아빠 마음이 우울해진다."

모든 대화는 시작만큼이나 과정이 중요하다. 대화가 부드럽게 진행되도록 유도해야 한다. 성질 같아서야 원하는 대답을 빨리 듣고 싶겠지만 절대 그런 식으로 접근해서는 안 된다. 그러면 아이는 다시 조개처럼 입을 꽉 다물고 말 것이다. 아빠와 말하고 싶어하지 않는 사춘기 아이와의 대화는 그래서 힘들다. 이겨내야 할 과제이기도 하고.

믿음과 무관심은 한 끗 차이
...

아이는 부모의 것이 아니다. 소유물이 아니다. 아이를 믿고 싶다 말하지만 그 속내를 들여다보면 아이를 믿고 싶다기보다 '부모의 믿음대로 아이가 움직여주기를 바라는' 불합리하고 폭력적인 생각이 가득하다. 그저 말 잘 듣는 아이가 되기를 바라는 것은 아닌지, 그것부터 솔직하게 스스로 돌아봐야 한다. 만약 아이를 믿는 게 아니라 부모가 원하는 대로 행동하기를 원한다면 아이를 신뢰하는 모습이라고 할 수 없다. 아이와의 관계를 망치는 부모일 수도 있음을 인정해야 한다.

언제부턴가 얼굴이 거무튀튀해지고 목소리가 굵어졌으며 맛있는 것을 먹자고 해도 혼자 집에 있기를 원하는 어린 티를 벗은 초등학교 6학년 첫째에게 '아빠가 화내면서 했던 말'을 적어보라고 했다. 물론 이 말은 미소를 띠고 했으며, 솔직하게 쓰면 용돈을 준다고 '유혹'도 했다.

자기 방에 들어간 첫째는 '그렇게나 쓸 것이 많았나?' 싶을 정도로 한참 동안 열심히 뭔가를 쓰더니 나에게 보여준다. 이거 공개해야 하나 말아야 하나……. 내 치부를 드러내는 것 같아 부끄럽지만 모두들 좀 더 나은 아빠가 되길 바라는 마음으로 공유하고자 한다.

| 아빠가 화날 때마다 하는 말 |

1. 내가 왜 너를 낳아서 이렇게 고생하는지 모르겠어.
2. 너 진짜 이렇게 공부해서 도대체 뭐가 될 거야?
3. 나를 제일 화나게 하는 사람은 ○○○(첫째 아들 이름)이야!

헉! 놀랍다. 내가 이런 말투로 아이에게 말했다니! 제3자의 시각으로 보니 말 하나하나에 아이에 대한 믿음이라고는 티끌만큼도 들어 있지 않았다. 믿음은커녕 비난이 가득했다. 그동안 아이의 마음에 얼마나 상처가 됐을까? 스스로 부끄럽고, 또 아이에게 미안한 마음이 들었다.

사춘기에 접어든 아이들은 "저 좀 그냥 내버려두세요"라는 말을 자주 한다. 부모는 이를 권위에 대한 도전, 혹은 자신의 관심을 귀찮아하는 마음이라고 생각하면서 오히려 아이와의 관계를 망치는 말로 공격한다. 혹시 아이가 당신에게 하는 말이 왠지 낯설고 날카롭고 냉정한가? 그렇다면 사춘기에 접어들기까지 당신이 아이에게 어떻게 말했었는지를 한번 반성해보라. 그리고 이제부터라도 아이와 원활하게 대화하고 싶다면, 대화를 통해 관계를 긍정적으로 이끌고 싶다면, 일단 그 과정이 절대 만만치 않으리라는 것을 미리 각오해야 한다.

칭찬에 인색하지 말아요
...

사춘기 아이가 '우리 엄마, 아빠는 내 편이야'라는 믿음을 가져야 대화가 유지된다. 그러려면 아이가 그릇된 행동을 했더라도 일단 하고 싶은 말을 잠시 미루고, 왜 그런 행동을 했는지 아이의 설명을 차분히 들어줘야 한다. 어떤 실수와 잘못을 했더라도 자녀를 하나의 인격체로 존중하는 것이 핵심이다. 마음속에서 천불이 나고 하고 싶은 말이 목구멍에서 근질거려도 기다려야 한다. 부모가 감내해야 할 몫이다.

아이의 이야기를 듣는 동안 아이는 감정을 정리할 수 있고, 부모는 지금껏 몰랐던 아이의 생각과 마음을 이해할 수 있다. 충분히 들어주기만 해도 아이는 엄마, 아빠의 이야기에 더욱 귀를 기울인다. 설령 야단을 치더라도 이야기 말미에는 아이를 사랑한다는 사실을 꼭 전해야 한다. 그래야 아이는 엄마, 아빠가 자신을 믿는다는 사실을, 자기편임을 확실하게 인지하고 이후에도 대화의 문을 연다.

　이를 위해 아이의 장점, 강점, 특징 등을 잘 파악하고 있어야 한다. 친구를 잘 돕는다, 마음먹으면 끝까지 해낸다, 마무리를 잘 하려고 노력한다 등등 아이의 성향을 먼저 파악하고, 이를 대화에 잘 녹여내야 한다. 이럴 때 아이는 부모가 자신을 믿어주는 것에 고마워할 것이다.

　당연히 칭찬도 아끼지 말아야 한다. 단, 밑도 끝도 없는 칭찬은 오히려 독이다. 근거 있는 칭찬을 해야 한다. 아이 스스로도 수긍할 수 없는 칭찬을 하면 부모가 자신을 조종하려 한다고 느낄 수 있다. 아이 자신도 칭찬받을 만하다고 생각하는 점을 칭찬하려고 노력하자. 이런 노력이 이어지면 도무지 반응이 없을 것 같았던 사춘기 아이와도 점차 건설적인 대화를 나눌 수 있을 것이다.

아빠의 권위

아이에겐 아빠가 종교다

1980년의 아버지, 2017년의 아빠

...

'아버지'와 '아빠'의 차이점은 무엇일까. 나는 아내가 자신의 어머니를 '어머니'라고 부르는 걸 보지 못했다. '엄마'라고 부른다. 우스운 말이지만 나는 내가 나이 들고 손자, 손녀가 생겨도 내 아이들이 지금처럼 계속 '아빠!'라고 불러주면 좋겠다. 아빠라는 말은 왠지 정이 간다.

아빠와 아버지가 주는 느낌이 다른 이유는 과거 내가 아버지를 다가서기 어려운 존재로 느꼈기 때문이다. 어렸을 적인 80년대 아버지는 내게 엄하고 무뚝뚝한 존재였다. 아침에 나가서 저녁에 들어오시고, 주말이면 TV를 보면서 엄마가 해주는 밥을 드셨다. 말씀도 별로 없으셨고, 가끔 목소리가 높아질 때면 온 가족이 조심했다. 아마 당시 많은 아버지의 전형이 그러했을 것이다.

지금의 아버지, 아니 '아빠'의 모습은 어떠한가? 아니, '어떠해야' 하는가? 과거의 아버지는 기억에서 지워졌다. '80년대의 아버지'가 아닌 '2010년대의 아빠'로 변했다. 아이들이 다가오기 전에 아빠가 먼저 친근하고 자상하게 다가가고, '아이에게 자신이 친구 같고 형이나 오빠 같은 존재이길' 바라는 마음이 크다.

맞벌이 부부가 늘어나면서 육아를 함께하는 남성이 증가했고 엄마 대신 아빠를 모델로 하는 광고도 많아졌다. 아이들 역시 아빠라는 존재에 대해 '따뜻하고 믿음직하다'는 반응을 보인다. 이런 단어가 심심찮게 보인다.

스칸디대디(스칸디나비아+대디)

프렌디(프렌드+대디)

플대디(플레이+대디)

모두 아이와 함께 시간을 보내며 소통하지만 자녀를 위해 무작정 자신을 희생하지는 않는 아빠를 일컫는 단어다. 최근 몇 년 사이 이런 신조어가 속속 생기는 이유는 실제로 아빠의 모습이 달라졌기 때문이다. 과거 '아버지'라는 단어는 가족을 부양하는 가장의 이미지가 강했지만 이젠 때로는 엄마처럼 따뜻하게, 때로는 친구처럼 친근하게 다가가는 이미지로 바뀌었다. 2017년 지금, 우리는 달라진 아빠의 모습으로 잘 살아가고 있는 걸까?

'답정너'가 될 것인가
...

세상이 아빠에게 스칸디대디, 프렌디, 플대디 등으로 살라고 요구하고, 또 아빠들 역시 그렇게 살려고 노력한다고들 하지만 여전히 아이에게 아빠란 엄마와 비교하면 상대적으로 대하기 어렵고 친근해지기 쉽지 않은 사람이다. 왜 그럴까? 노력하는 아빠들이 많다고는 하지만 여전히 아이들과 어떻게 대화해야 하고 아이를 어떻게 대해야 하는지 잘 모르기 때문이다.

더군다나 지금의 아빠들은 '과거의 아버지'를 보고 자란 세대다. 보고 들은 것이 그래서 아무리 생각을 바꾸려고 해도 급진적으로 '현재의 아빠'로 탈바꿈하기가 쉽지 않다. 특히 대화할 때 더욱 어려움을 느낀다.

아빠의 말은 거칠게 나오기 쉽다. 해답을 빨리 주려고 하고, 아이들의 입에서 제대로 된 답이 얼른 나오기를 바란다. 아이의 성장을 기다려주기보다 단번에, 한 번의 실수도 없이 완전하게 급변하는 성장을 기대한다. 눈앞에 있는 구체적인 문제를 차분하게 고민하기보다 일순간에 아이를 변화시키고 싶은 마음에 결론 먼저 이끌어내고자 한다. 그러니 아이와 느긋하게 대화를 할 여유가 없다.

우리 아빠들은 아이와 대화하며 소위 '답정너' 태도를 보인다. 답정너란 '답은 이미 정해져 있고 너는 대답만 하면 돼'라는 뜻의 신조어로, 바라는 대답은 정해져 있으니 너는 무조건 '네'라고 말하면 된다는 태도를 일컫는다. 듣고 싶은 대답을 미리 정해놓고 빙빙 돌려가며 묻거나, 상대방에게 질문하긴 하지만 결국 자기 칭찬이나 자기편을 드는 답을 하게 만드는 사람들이 '답정너'의 대표적 사례다.

스스로를 돌아보자. 혹시 아이에게 '답정너' 스타일의 말을 하고 있는지 말이다. 주변 사람들이 원하는 답을 주지 않아 답답하거나 별 영양가 없는 대답만 하고 있다면, 스스로를 '답정너'로 의심해볼 필요가 있다. 사춘기 아이를 뒀다면 하루 빨리 '답정너' 아빠에서 탈피해야 한다. 아이 말에 즉각적으로 반박하거나 비난을 섞어 비웃거나 아이 말과 아무 상관없는 이야기로 화제를 바꾸거나 딴소리를 하지는 않는지, 경계하고 또 경계해야 한다.

'아빠'라는 종교가 사이비가 되는 순간

아빠는 아이에게 종교와 같다. 특히 어릴 때는 더욱 그러하다. 하지만 사춘기에 접어들어 심리적·정신적으로 성숙하면, 아이는 아빠라는 종교를 사이비라고 무시하거나 회피할 수 있다. 아이는 아빠가 정말 믿을 만한 종교인지, 아니면 껍데기뿐인 사이비인지를 대화로 판단한다. 혹시 다음과 같은 말을 했었다면 이제부터라도 절대 금하기 바란다. 아이가 믿을 수 있는 아빠가 되려면, 신뢰 관계를 형성하고 싶다면 다음과 같은 몇 가지 형태의 말은 절대 하지 말아야 한다.

부정하기 : "네 말이 왜 틀렸느냐 하면 말이지!"

강요하기 : "네 방법은 틀렸어. 내 말대로 해!"

무시하기 : "그런 생각밖에 못하니?"

빈정대기 : "그게 될 것 같아?"

비난하기 : "그렇게 하고 싶은 대로 하겠다고 고집을 부리더니 결과가 이게 뭐니?"

회피하기 : "난 모르겠다. 네가 알아서 해!"

추궁하기 : "도대체 왜 그렇게 한 건데?"

기죽이기 : "그 정도로 해서야 되겠니?"

함께하는 순간, 아이의 존재감 인정하기
...

자녀가 사춘기에 접어들었다면 아빠는 우선 아이들과 함께하는 시간을 늘려야 한다. 물론 그저 함께하라는 뜻이 아니다. 나름대로 이벤트를 만들면 좋다. 꼭 대단할 필요는 없다. 해외여행을 간다거나 비싼 공연을 보러 가는 것도 좋지만 집에서 같이할 만한 작은 일부터 시작해도 좋다. 오히려 일상을 깊숙이 나눌 때 자연스럽고도 허심탄회하게 이야기를 나눌 수 있다. 요리든, 청소든 아빠가 먼저 함께하자고 손을 내밀어보자.

사춘기 아이는 하나의 독립적 인격체로서 아빠와 대등하게 뭔가를 하고픈 욕구를 가지고 있다. 이를 무시하고 아빠가 모든 걸 다 해주거나, '너는 이런 건 할 수 없어'라고 하면 오히려 자존감이 낮아진다. 작은 것부터 함께하자고 하거나 아빠를 도와달라고 청해보자.

아빠 : 벌써 이불 다 갰네?

아이 : 네. 아빠는요?

아빠 : 아이고, 부끄럽다. 아빠 침대는 엉망인데 말이야. 누가 좀 도와주면 좋겠다.

아이 : 에이, 그거 쉬운 일인데. 아빠, 같이해요.

흔히 아빠는 무조건 아이의 모범이 되어야 한다고 생각한다. 그러다 보니 가르칠 줄만 알지, 누군가를 도울 수도 있는 아이의 잠재력을 무시한다. 사춘기 아이의 잠재력을 100% 인정하고 지금까지와는 다르게 대해야 한다. 아이들은 스스로 자기 문제를 해결하는 것은 물론 누군가를 도울 수도 있다. 그럴 만한 능력이 충분하다. 아빠와 함께해보자고 말하고 아빠를 도와달라고 말할 수 있어야 한다. 이를 통해 성장한 아이의 모습에서 믿음직스러움을 느끼는 건 아빠에게 주어지는 또 하나의 행복이다.

우리에겐 비밀계좌가 있다

가족 통장

부모에게도 이미지 개선이 필요하다

* * *

아빠란 어떤 존재일까. 엄마가 '아이의 일상을 지배하는 사람'이라면 ― 시간적으로나 공간적으로나 밀접함에 있어서 아이 엄마를 뛰어넘을 수 없다는 사실을 인정한다면 ― 아빠는 '아이와 고민을 나눌 수 있는 사람'으로 자리매김하는 편이 좋다. 일단 아이가 아빠에 대해 긍정적인 이미지를 품고, 자신의 고민 상담자로 삼도록 하는 것을 목표로 하자. 아이가 아빠를 떠올리며 이런 생각을 하면 정말 좋겠다.

'나에게 관심이 많다.'
'믿음직스럽다.'
'따뜻하다.'
'친구 같다.'

아빠가 자신에게 많은 관심을 기울이고 있음을 느끼고 엄마와 미처 나누지 못한 주제에 대해, 예를 들어 진로나 학업, 기타 인간관계 등을 아빠와 대화하고 싶어하면 좋겠다. 아이가 아빠를 가까이 여길 수 있도록 노력하자. 믿을 만한 존재가 되기 위해 노력하자. 아이들이 아빠를 다음과 같이 생각한다면 낭패 아닌가.

'힘들어 보인다.'
'불안해 보이고 걱정을 많이 한다.'
'술과 담배를 많이 하고 잠을 못 잔다.'
'엄마와 자주 싸운다.'

'이미지 개선'은 사회생활에서만 필요한 게 아니다. 아이와의 관계에서도 필요하다. 긍정적인, 적극적인, 활력 있는, 유쾌한, 기분 좋은 등의 말이 생각나는 아빠가 될 수 있도록 노력하라.

잠깐 내 얘기를 하겠다. 사실 나는 회사가 가장 중요한 사람이었다. 회사 일이 최우선이었고 그 외의 모든 것은 회사 일을 절대

방해해선 안 되는 부차적인 사안이었다. 특히 가정은 더했다. 가정은 나의 일을 무조건 지지해줘야 할 뿐, 방해해서는 절대 안 되는 공간이라고 생각했다.

지금 생각하면 어처구니가 없다. 이제라도 늦게나마 가정의 중요성을 상당히 높게 평가하게 되었으니 다행이다. 뒤늦게 철이 들어 아내와 아이들과의 관계에 있어 조심하고자 늘 노력한다.

그렇다고 회사를 소홀히 하는 것은 아니다. 가정의 중요성만큼 회사도 중요하다. 생각이 바뀌고 보니 가정이 소중할수록 일터의 중요성도 커졌다. 나와 내 가족의 생존이 달려 있기 때문이다. 가정을 사랑하면서 회사를 더욱 사랑하게 되었다. 회사가 잘돼야 가정도 잘된다. 회사 전체에 대해서는 별 관심이 없던 나, 내가 할 일만 하면 된다고 생각했던 나는 이제 없다. 회사가 '무조건' 잘되는 방향으로 나 역시 노력한다.

가정의 중요성을 깨달은 후 아이들에 대한 관심도 깊어졌다. 아이들에게 '범접할 수 없는 거대한 산' 같은 이미지로 보이기보다 아들에겐 친구나 형 같고, 딸에게는 좋은 오빠 같은 존재가 되고 싶다. 사실 나의 아버지는 무뚝뚝하셨다. 지금 생각하면 그것이 당신 식의 사랑 법이었다고 이해는 한다. 하지만 나는 그보다 좀 더 많이 표현하는 아빠가 되고자 노력중이다.

둘째와 함께 만든 비밀

...

열두 살인 둘째가 훌쩍 컸다. 5학년이 되면서 그 속도가 더 빨라진 것 같다. 말투도 어른스러워지고 행동도 아기 티를 벗어났다. 언젠가 둘째와의 관계를 생각해봤다. 뭔가 밀접한 관계를 맺지 못한 느낌이 들었다. 그래서 결심했다. 둘째와의 관계 개선 프로젝트를 진행하기로. 그리고 엄마가 싫어하는, 정확히 말하면 걱정하는 것을 함께하기로 했다. 바로 야구다.

아이는 야구를 좋아한다. 보는 것만 좋아하는 나와 다르게 하는 것도 좋아한다. 그렇다고 선수가 되고 싶어하는 것은 아니다. 또래 아이들보다 조금 더 잘해보고 싶다고 생각할 뿐이다. 물론 어른들은 흔히 이를 공부에 신경 써야 할 나이에 하는 '쓸데없는 생각'이라고 탓한다. 나 역시 그랬고. 하지만 지금은 다르다. 그렇게 생각하는 아빠야말로 '쓸데없는 아빠'가 될 가능성이 크다. 아내와 첫째, 둘째에게 선포했다. 주말에 아빠는 둘째와 함께 시간을 보낼 것이라고. 겨울방학 두 달간!

둘이서 야구를 전문적으로 가르쳐주는 곳을 찾았다. 나는 아이가 배우는 모습을 지켜보기만 했다. 함께 가주고, 가서 새로운 아이들과 야구를 배우며 즐거워하는 모습을 지켜보고, 잘하면 '엄지 척'을 내밀며 격려하고, 끝나면 함께 콩나물국밥을 먹으면서 이런저런 이야기를 하고.

야구 프로젝트를 시작하면서 약속 하나를 했는데, 바로 다소 약했던 수학을 보충하기로 한 것이다. 아이는 방학 숙제나 학원 숙제는 물론 아빠가 내주는 숙제까지 잘해내기로 철석같이 약속했다. 솔직히 믿음 반 의심 반이었지만, 결과는 놀라웠다. 다소 힘든 나의 수학 과제를 아이는 하루도 빠짐없이 성실하게 수행했다. 이렇게나 야구를 즐거워할 줄은 몰랐다. 땀을 뻘뻘 흘리면서도 재미있어했고, 새로운 친구들과의 만남에 기뻐했다. 뿐만 아니라 아빠와의 약속을 지키고 스스로 그걸 해내는 것에 대해 자부심을 느끼는 듯했다.

둘째와 함께 시간을 보낸다고 선포하긴 했지만, 다른 식구들은 우리가 뭘하는지는 구체적으로 몰랐다. 물론 이 비밀은 곧 발각됐다. 우연한 일로. 아내는 나를 타박했고, 첫째와 셋째는 둘째만 예뻐한다고 난리가 났다. 그래도 나와 둘째는 서로를 보며 싱긋이 웃을 수 있었다. 한동안 둘만의 비밀을 갖고 있었던 짜릿함 덕분에 말이다. 좋은 관계를 맺고 싶다면 비밀을 하나 만들어보라. 그게 뭐든 상관없이.

엄마의 역할, 아빠의 역할
...

엄마의 역할과 아빠의 역할은 같을까, 다를까? 개인적으로는 다르다고 생각한다. 역할이 다르듯 사랑하는 방법 역시 다르다고 느낀다. 엄마의 사랑과 아빠의 사랑은 밖으로 드러나 표현되는 방식부터 다르다. 옳고 그름의 문제는 아니다. 다만 각자의 방식으로 아이를 사랑할 필요가 있다는 말이다.

시인 안도현의 〈스며든다는 것〉이라는 시를 알고 있는지 모르겠다. 엄마의 사랑이 어떤 것인지를 감동적으로 표현한 시다. 시의 내용은 이렇다. 간장게장에 들어갈 엄마 게가 주인공이다. 살아 있는 엄마 게에 시커먼 간장이 사정없이 부어진다. 간장이 자기 몸에 쏟아질 때 알을 품은 엄마 게는 자신의 생명보다 소중한 알들을 보호하기 위해 몸을 웅크린다. 하지만 운명을 받아들일 수밖에 없는 때가 온다. 엄마 게와 알들 모두 죽음의 순간에 다다른 것이다. 이때 엄마 게는 자신이 품은 알들을 향해 이렇게 말한다. "(아가들아) 저녁이야, 불 끄고 잘 시간이야."

엄마의 사랑을 너무나도 잘 표현한 시가 아닌가 싶다. 원문을 찾아서 한번 읽어보시길. 눈물이 나는가? 그렇다. 그게 바로 엄마의 사랑이다. 엄마의 사랑은 놀랍다. 철저한 희생으로 사랑을 표현한다. 마지막 순간까지 아이를 보호하고자 한다.

아름다운 인생을 위해 필요한 아빠라는 존재
...

　엄마의 사랑, 대단하다. 하지만 아빠의 사랑 역시 뒤지지 않는다. 아이를 향한 아빠의 사랑은 엄마의 그것과는 다른 방식으로 멋지다. 아빠의 사랑을 표현한 영화가 있다. 바로 〈인생은 아름다워〉다. 파시즘이 지배했던 1930년대 말의 이탈리아를 배경으로, 나치의 유대인 말살 정책이라는 비극을 오히려 코미디로 다룬 로베르토 베니니(Roberto Benigni) 감독의 명작이다. 어떤 상황에서도 웃음을 잃지 않고 아들을 돌보는 아버지의 부성애는 충분히 인상적이다. 이야기는 대충 이렇게 전개된다.

　극한의 공포와 불안이 가득한 죽음의 수용소, 그곳에서 아빠 귀도는 아들 조슈아를 지키기 위해 기발한 발상을 한다. 아들에게 가족 모두가 게임에 선발되어 강제수용소로 왔으며, 게임의 규칙을 잘 지켜서 1,000점을 먼저 얻는 1등은 진짜 탱크를 선물로 받는다고 거짓말을 한 것이다. 아빠의 거짓말에 기뻐하는 다섯 살 아들의 해맑은 웃음. 조슈아에게 강제수용소는 죽음의 공포가 엄습하는 장소가 아니라 게임에서 승리할 수도 있는 놀이의 장소가 된다. 그러한 믿음은 아버지의 재기발랄한 유머와 희생 속에서 두터워진다. 귀도는 고된 노동을 뒤로 한 채 유머러스한 말과 행동으로 조슈아에게 그날의 게임을 설명할 뿐만 아니라 숨겨둔 빵을 성과물인 양 내놓는다.

이 영화의 백미는 마지막 부분이다. 아빠인 귀도는 연합군 진격을 앞두고 흉흉한 강제수용소 분위기를 알아채고 아들 조슈아와 마지막 게임을 시작한다. 어떤 일이 있어도 캐비닛에 숨어서 절대 나오면 안 된다는 것이 게임 미션이다. 안타깝게도 귀도는 아내를 찾아다니다가 독일군에게 들켜서 잡혀가고 만다. 그 순간에도 귀도는 캐비닛에 숨어서 보고 있을 아들을 위해 우스꽝스럽게 걸어가며 윙크를 보낸다.

죽음을 목전에 둔 귀도의 익살스러운 태도가 강제수용소에 불어닥친 죽음의 공포와 겹쳐지며, 아들에 대한 절절한 사랑과 책임감이 자연스럽게 전달된다. 아들을 냉혹한 현실로부터 지켜주고 싶은 마음이었을 것이다. 아이를 위해 자신이 아는 가장 아름다운 방법으로 최선을 다했을 세상 모든 아버지를 대변하는 영화가 아닐까 한다.

엄마가 끝까지 아이를 안고 희생하는 식으로 사랑한다면, 아빠는 어떻게 해서든 아이를 보호하되 여유를 잃지 않는 식으로 사랑한다. 그래서 아빠들은 세상의 모든 험한 일에 아이들이 다치지 않도록, 물들지 않도록, 필요하면 거짓말까지 한다. 자신의 고통을 철저하게 감추면서까지 아이에게 긍정적 비전을 주고 싶은 마음, 그것이 아빠의 사랑이다. 사춘기 아이를 향한 아빠의 진심이다.

맺음말

홀로 사막을 건너는 아이를 위하여

　인생은 사막과 같다. 부모는 사막과 같은 인생을 자신만의 나침반과 지도에 의지하며 나름대로 열심히 살아왔다. 그러던 어느 날, 문득 깨닫는다. 자신의 자녀가 인생이라는 사막 속에서 홀로 헤매고 있다는 것을, 그리고 방황하는 자녀에게 아무런 역할도 하지 못하고 있다는 것을.

　내가 그랬다. 사막에서 헤매고 있는 아이에게 적절한 도움을 주지 못했다. 미숙했다. 일상의 고통과 변화 등에 이리저리 치이는 사이에 세상에서 가장 귀한 나의 아이가 인생에서 맞는 첫 번째 변화의 시기인 사춘기 초입에서 고민하고 있다는 사실을 외면

했다. 인간으로서 성숙을 도모하는 중요한 고비인 사춘기를 맞이하고, 또 맞서고 있었는데 그걸 모른 척했던 거다. 그저 귀여운 아이라고, 아직 미성숙한 생각으로 가득한 철모르는 아이라고 착각하면서. 나의 실수였다.

일방적으로 외부 세계를 받아들이기만 하던 유아기를 지나 사춘기에 접어들면 아이들은 스스로에게 의미 있는 질문을 던지기 시작한다. 세상에 대한 자기 생각을 말로 표현하기도 한다. 그 과정에서 세상을 해석하는 틀을 잡아나간다. 자신을 생각하는 한편 세상에 대한 생각도 넓혀가는 셈이다. 그렇게 인생이라는 사막 속에서 자신만의 나침반을 만들어간다.

이때 부모의 나침반으로 일방적으로 지시하고 통제하면 문제가 생긴다. 위로와 격려로 아이의 성장을 독려하는, 따뜻한 조언자로서의 부모가 되어야 한다. 부모의 나침반은 부모의 것일 뿐이다. 아이들의 나침반은 그에 맞는 적절한 지도와 응원이 있을 때에만 제대로 형성된다. 아이를 하나의 성숙한 인격체로 바라보려는 마음가짐, 아이의 눈높이에 맞는 대화법이 필요한 이유다. 사춘기 시기, 인생의 나침반을 제대로 마련해야 길고 긴 인생에서 헤매지 않고 자기 길을 씩씩하게 개척해나갈 수 있다. 당신과 아이가 대화를 통해 '내 인생의 나침반'이라는 멋진 합작품을 만들어내기를 바란다.

대화로 만들어가는 숭고하고 강렬하고 유익한 추억

...

표도르 도스토옙스키의 소설 《카라마조프 가의 형제들》을 읽었다. '신과 종교, 삶과 죽음, 사랑과 욕정, 인간 본성의 문제를 탐구해낸 대서사시'라고들 격찬하는 책이지만 내게는 '사춘기 아이를 둔 아빠를 위한 필수 육아서'처럼 읽혔다. 특히 기억에 남는 부분이 있는데 1,500여 페이지 가까이 되는 분량 중 말미에 있는 내용이다. 도스토옙스키는 "어린 시절 부모님과 함께 나눈 추억보다 더 숭고하고 강렬하며 건강하고 유익한 것은 아무것도 없다"며 아이들과 가능하면 멋진 추억을, 아름다운 기억을 많이 나누기를 권했다. 아이들은 아빠, 그리고 엄마와 사랑스런 추억을 나눈 기억만으로도 구원에 한 걸음 더 가까워질 수 있다고까지 했다. 이제 나와 당신이 다짐할 차례다. 다음의 질문에 자신 있게 답변할 수 있을 정도로 말이다.

나는 사춘기 아이와 좋은 관계를 맺고 있는가?
나는 사춘기 아이와 사랑스러운 추억을 함께 나누고 있는가?
사춘기 아이가 멋진 어른으로 성장할 수 있도록 돕고 있는가?

까칠한 사춘기 자녀와 싸우지 않고 대화하는 법
자녀가 상처받지 않는 부모의 말투

초판 1쇄 인쇄 2017년 8월 30일
초판 1쇄 발행 2017년 9월 5일

지은이 김범준
펴낸이 이범상
펴낸곳 (주)비전비엔피 · 애플북스

기획 편집 이경원 박월 김승희 김다혜 배윤주
디자인 김혜림 이미숙 조은아
마케팅 한상철 이준건
전자책 김성화 김희정 김재희
관리 이성호 이다정

주소 우)04034 서울특별시 마포구 잔다리로7길 12 (서교동)
전화 02)338-2411 | **팩스** 02)338-2413
홈페이지 www.visionbp.co.kr
이메일 visioncorea@naver.com
원고투고 editor@visionbp.co.kr

등록번호 제313-2007-000012호
ISBN 979-11-86639-59-7 (13590)

· 값은 뒤표지에 있습니다.
· 잘못된 책은 구입하신 서점에서 바꿔드립니다.

「이 도서의 국립중앙도서관 출판시도서목록(CIP)은 서지정보유통지원시스템 홈페이지(http://seoji.nl.go.kr)와 국가자료공동목록시스템(http://www.nl.go.kr/kolisnet)에서 이용하실 수 있습니다.(CIP제어번호: CIP2017018480)」

인생에서 최고의 행복은
사랑을 받고 있다는 확신이다.
- 빅토르 위고